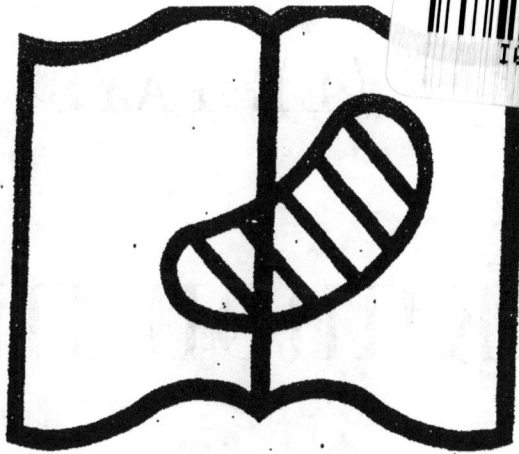

Original illisible

NF Z 43-120-10

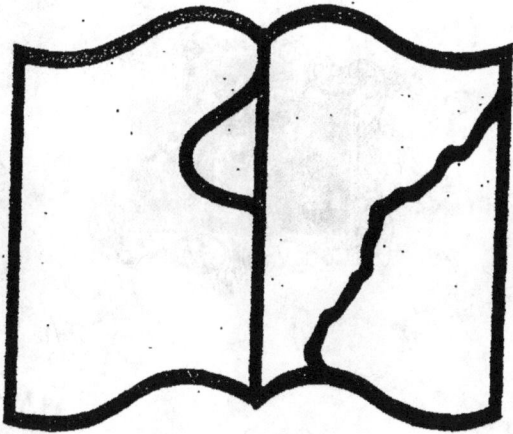

Texte détérioré — reliure défectueuse

NF Z 43-120-11

"VALABLE POUR TOUT OU PARTIE
DU DOCUMENT REPRODUIT".

LE PAYS
DES
KHROUMIRS

PAR

P.-H. ANTICHAN

PARIS

LIBRAIRIE CH. DELAGRAVE

15, RUE SOUFFLOT, 15

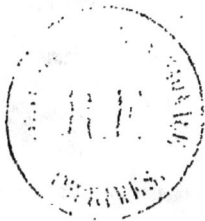

LE PAYS

DES

KHROUMIRS

A LA MÊME LIBRAIRIE

COLLECTION DE VOLUMES IN-8° ILLUSTRÉS

COLLECTION DE VOLUMES IN-12 ILLUSTRÉS

PARIS. — IMP. DE LA SOC. ANON. DE PUBL. PÉRIOD. — P. MOUILLOT. — 36476

LE PAYS

DES

KHROUMIRS

LEURS INSTITUTIONS, LEURS COUTUMES

ET LEURS CHANTS POPULAIRES

PAR

P.-H. ANTICHAN

PARIS

LIBRAIRIE CH. DELAGRAVE

15, RUE SOUFFLOT, 15

—

1883

LE PAYS DES KHROUMIRS

PREMIÈRE PARTIE

CHAPITRE PREMIER

Y A-T-IL DES KHROUMIRS ? — LEURS ANTÉCÉDENTS.

On a tant parlé des Khroumirs, à la Chambre, au Sénat, dans la presse, à la ville et même à la campagne, que fantaisie m'a pris d'en parler à mon tour.

Mais d'abord y a-t-il des Khroumirs? Les uns disent oui, les autres disent non ; les uns prétendent qu'ils ont été inventés à l'occasion des derniers événements, les autres soutiennent qu'ils ont toujours existé. Pour moi, les Khroumirs ne sont pas des êtres imaginaires ; ils existent, bel et

1

bien, en chair et en os. Ce sont même de beaux
et solides gaillards, comme je le montrerai tout à
l'heure. Seulement, il faut bien l'avouer, avant l'expédition tunisienne ils étaient inconnus du public,
et les géographes ne savaient rien ou presque rien
de leur pays, resté mystérieux, bien qu'il borde
pendant une quinzaine de lieues, du cap Roux au
cap Negro, la côte de la Méditerranée, la mer la
plus fréquentée du globe.

Est-ce à dire cependant que personne, avant
cette époque, ne les connût?

Dès 1786, Desfontaines, dans la relation de
son voyage aux régences de Tunis et d'Alger, les
signalait comme des vagabonds et des brigands :
« Entre la Calle et Tabarque, dit-il, se trouve
la tribu des Nadis, composée de sept à huit cents
hommes tous armés; ce sont des montagnards
vagabonds qui ne payent tribut ni au dey d'Alger
ni à celui de Tunis, quoiqu'ils se disent sous la
dépendance de ce dernier; ils changent de place
et exercent leurs brigandages dans les deux
États. »

Qui ne reconnaît dans ces traits les Khroumirs
actuels? Le nom, il est vrai, n'est plus le même ;
aucune tribu khroumire ne porte aujourd'hui le
nom de Nadis. Mais cela ne prouve rien : il arrive
quelquefois, à la suite de longues guerres civiles,
qu'une tribu, se sentant trop faible pour résister

à ses ennemis, se démembre ou s'incorpore tout
entière dans une autre; alors elle peut perdre son
nom, sans que pour cela ses habitants aient péri ou
émigré. C'est ce qui est arrivé probablement pour
les Nadis : à la suite d'une dislocation quelconque,
ils ont dû s'inféoder à des voisins puissants, du
nom de Khroumirs, auprès desquels ils ont trouvé
aide et protection. Dans tous les cas, l'identité de
caractère, de mœurs, d'allures et même de lieu est
parfaite : le portrait des Nadis par Desfontaines est
frappant de ressemblance avec les portraits des
Khroumirs par MM. le général Campenon, de
Billing, le capitaine Zaccone, Charles Vélain et
autres.

Pour le général Campenon, notre ancien attaché
militaire à Tunis, les Khroumirs sont de mauvais
sujets, toujours en révolte contre le bey et se faisant *tirer les oreilles* toutes les fois qu'il s'agit de
payer l'impôt.

Notre consul à Tunis, M. de Billing, signale
aussi dans ses dépêches, comme des montagnards
dangereux dont il faut se méfier: « les Khroumirs,
tribu tunisienne, puissante et belliqueuse, établie
à proximité de notre frontière [1]. »

Le capitaine Zaccone, dans ses intéressantes
notes sur la régence de Tunis, publiées en 1875,

---

1. Dépêche du 31 octobre 1874.

ne les juge pas autrement : « Tout à fait à l'ouest
de la Tunisie, dit-il, et près de notre frontière,
habitent les Khroumirs, population sauvage et
presque indépendante, la plus rude de cette contrée. »

Il ne manque à ces portraits, pour être absolu-
ment semblables à celui de Desfontaines, que le
mot de la fin.

Nous le trouvons dans un article de la *Revue
scientifique*, dû à la plume de M. Charles Vélain.

En 1873, M. Charles Vélain, attaché comme
géologue à la campagne hydrographique de l'ami-
ral Mouchez, se trouvant sur la côte septentrio-
nale de l'Afrique, voulut aller visiter l'exploitation
des plombs argentifères d'Oum-Theboul, à l'est de
la Calle, presque à la limite de la frontière tunisienne. Il s'y rencontra par hasard avec les Khroumirs, et voici les détails qu'il nous donne, à cette
occasion, sur les attaques et les déprédations noc-
turnes de ces vagabonds :

« A mon arrivée aux mines, je trouvai les exploi-
tants en émoi : les Khroumirs s'étaient montrés par
bandes pendant toute la semaine, emportant nui-
tamment les mulets qui servaient au transport du
minerai, renversant les wagonnets dans les pro-
fonds ravins sur le flanc desquels glisse le petit
chemin de fer établi entre la mine et les laveries ;
un garde-mine avait été posté, la nuit, avec des

ouvriers kabyles pour s'opposer à ces méfaits ;
mais, après une lutte vive, les Khroumirs s'étaient
emparés de lui et avaient laissé sur le champ du
combat une de ses oreilles, posée sur des feuillages,
avec une lettre exigeant des conditions onéreuses
pour le rachat du prisonnier. Une battue faite le
lendemain dans la montagne amena la découverte
du malheureux, attaché à un arbre, en plein soleil,
et expirant. Quant aux Khroumirs, il n'y en avait
plus trace, et il eût été dangereux de se lancer à
leur recherche dans un pays aussi accidenté, avec
des forces insignifiantes.

« Nous avons été témoins d'un autre méfait
accompli par les mêmes tribus vers la même
époque. A quelque distance de la côte tunisienne,
les îles de la Galite possèdent une baie bien abritée
qui sert de refuge aux corailleurs, quand les mauvais temps les empêchent de gagner le port de la
Calle. Ces îles sont assez étendues, et la grande
Galite, notamment, est susceptible de quelque
culture. Des tentatives dans ce sens ont été faites
à diverses reprises. A l'époque où nous y avons
atterri, deux familles de Maltais y étaient installées
depuis un an déjà, cultivant quelques légumes et
tenant quelques objets d'épicerie et de pêche à
l'usage des corailleurs, dont la vente était assurée
en raison de leurs visites fréquentes. A peine
l'ancre jetée, j'étais à terre avec le médecin du

bord, et, dans le cours de notre exploration, nous
fûmes tout à coup attirés par des vagissements
et des pleurs. Ces cris d'enfant nous amenèrent
à une caverne peu profonde entaillée dans le roc,
où se tenaient blottis de pauvres êtres presque
nus, transis de peur et se serrant les uns contre
les autres.

« C'étaient les Maltais dont on nous avait signalé la présence à la Calle. Peu de jours auparavant, les Khroumirs, avec les mauvaises embarca-
tions dont ils disposent, étaient venus faire une
descente sur l'île, en nombre, car ils la croyaient
plus occupée. Grande a été leur déception en présence de ces pauvres gens. Ils en ont tiré ven-
geance en les couvrant de coups, en pillant le matériel et les provisions péniblement amassées, leur
laissant la vie sauve, mais les privant de tout,
même de leurs vêtements. L'arrivée du *Narval*
dans les eaux de la Galite fut encore pour ces malheureux, qui avaient presque perdu la raison,
une cause d'effroi; mais, avec nous, les secours
arrivaient et notre commandant, à son retour en
Algérie, après avoir signalé ces faits que l'imagination a peine à concevoir, les fit rapatrier.

« Ces tristes épisodes de la vie des Khroumirs
ne sont pas isolés. »

En effet, quelques années plus tard, au mois de
janvier 1878, les Khroumirs, en plein jour, sous les

yeux des autorités musulmanes et beylicales, en présence de nos consuls impuissants, poussaient l'audace jusqu'à piller le navire *l'Auvergne*, capitaine Isnard, venant de Cette, à destination de Bône, et jeté par la tempête sur ces côtes inhospitalières.

Et voici, d'après le rapport du vice-consul de France à la Goulette, M. J. Cusibol, le bel état dans lequel ils le laissèrent :

« Ce matin, vers 8 heures, je suis monté avec l'officier de marine, Bartolomeo Guigliani à bord de l'*Auvergne,* qui offrait un aspect des plus tristes : les chambres, postes d'équipages, roufles, entreponts, cuisine, tout avait été non seulement saccagé ; mais la boiserie de tous ces endroits avait été détruite à coups de hache et emportée. On ne voyait plus sur ce beau navire que ses quatre mâts déjà presque dégarnis de cordages. Aucune voile, aucun câble, ni haussière, ni grelin... Le nombre des pillards dépassait peut-être deux cents, en grande partie armés... D'après les renseignements donnés par de nombreux habitants de la localité, plusieurs cheiks étaient venus, avec leur fraction de tribu, pour veiller qu'on ne leur fraudât rien de la part qui leur revenait. »

Quant aux naufragés, débottés et mis à nu, ils avaient été forcés de gagner la Calle dans ce costume primitif.

En lisant de pareils faits, on se demande si la prise d'Alger a eu lieu en 1830, et si les écumeurs de la mer ont disparu de la Méditerranée.

Le pillage de l'*Auvergne* fit aux Khroumirs une effroyable célébrité, non seulement en France, mais en Europe. Dès ce moment, tout le monde voulut savoir qui étaient ces inconnus, si experts à dépouiller les hommes et les choses. La *Revue de Géographie*, toujours si bien informée, sous l'habile et savante direction de M. Ludovic Drapeyron, fut la première à nous renseigner sur leur compte[1].

D'ailleurs, les Khroumirs ne devaient pas être longtemps sans faire reparler d'eux.

Comme il n'y avait pas tous les jours dans leurs parages des vaisseaux à décarcasser ou des marins à déshabiller et à débotter, l'idée leur vint d'opérer quelques razzias sur notre territoire. Il y avait si longtemps qu'ils n'avaient vu les Aouaouchas et les Ouled-Nehed, ces bons voisins ! Ils décidèrent donc dans une grande zerda, au lieu dit Sidi-Abdallah-ben-Djemel, d'aller d'abord rendre visite aux premiers. Aussitôt dit, aussitôt fait.

Dans la matinée du 16 février 1881, une centaine de Khroumirs franchirent la frontière française, pillant et brûlant les tentes des Aouaouchas.

L'attaque fut renouvelée dans l'après-midi, mais

1. Voir *Revue de Géographie*, août 1879.

cette fois les assaillants étaient au nombre de deux
ou trois cents ; il fallut faire venir des spahis du
Tarf, deux compagnies de zouaves de Bône, une
compagnie du 59° et la garnison de la Calle pour
prêter main-forte aux Aouaouchas. Pareil fait,
disent les dépêches du gouverneur général, ne
s'était pas produit depuis vingt ans.

Il ne s'agissait plus, en effet, d'un crime parti-
culier portant atteinte aux droits privés d'un sujet
français, mais « d'une violation de frontières com-
mise en pleine paix, sans provocation, par des
bandes armées et à deux reprises différentes, d'une
atteinte grave au droit international ».

Les Khroumirs furent obligés de se retirer devant
des forces supérieures ; mais en décampant ils se
promettaient bien de revenir le plus tôt possible.

L'incursion du 16 février, repoussée mais non
réprimée, n'était que le prélude des affaires
beaucoup plus graves des 30 et 31 mars, qui
allaient se passer cette fois sur le territoire des
Ouled-Nehed. Par une dépêche, en date du
1ᵉʳ avril 1881, le général Osmont, commandant le
19° corps d'armée, en rendait compte au ministre
de la guerre dans les termes suivants :

« Le 30 mars, les Khroumirs, au nombre de
quatre à cinq cents, divisés en trois bandes, ont
envahi notre territoire, cercle de la Calle. Après
une fusillade d'environ deux heures avec une de

nos tribus, ils ont repassé la frontière. Le 31, les
Khroumirs ont de nouveau attaqué nos tribus;
celles-ci étaient soutenues par une compagnie du
59° qui se trouvait à Roum-el-Souk et une compagnie de zouaves venue du Tarf. Le combat a duré
onze heures; nous avons eu au 59° trois morts et
un blessé; au 3° zouaves, un mort et cinq blessés. »

Une répression exemplaire devenait nécessaire.
Depuis trop longtemps déjà les auteurs de tant de
méfaits se dérobaient au châtiment mérité. Le
bey, ce souverain nominal qui voulait toujours les
punir, ne les punissait jamais. D'ailleurs, il n'en
avait pas les moyens. Ce n'est pas avec des soldats dépenaillés et armés de simples fusils à piston,
rebuts des arsenaux de l'Europe, qu'il pouvait
réduire les terribles Khroumirs, retranchés dans
leurs montagnes, et si habiles à faire parler la
poudre.

Le gouvernement de la République, contraint
de se faire justice lui-même, ne pouvait plus tar-
der à sévir.

Le 5 avril, l'expédition contre les Khroumirs
était décidée. Le 24 au matin, les troupes fran-
çaises quittaient les camps d'Oum-Theboul, d'El-
Aïoum et de Roum-el-Souk et se mettaient en marche, sous le commandement supérieur du général
de division Forgemol de Bostquénard.

Le jour même, la frontière était franchie et nos

LE GÉNÉRAL FORGEMOL DE BOSTQUÉNARD,

Commandant en chef du corps expéditionnaire en Tunisie.

soldats se trouvaient pour la première fois en face
des hauteurs ennemies qui se dressaient devant
eux comme des forteresses menaçantes.

Il fallait maintenant investir le pays khroumir.
Le général Logerot, au sud, dans la vallée de
l'oued Mellègue ; le général de Brem, au centre,
dans la vallée de la Medjerdah ; la division Delebecque et le corps de débarquement de Tabarka,
au nord, allaient se porter en avant, et par une
série de mouvements habilement combinés, fer-
mer peu à peu le groupe des montagnes.

Les opérations militaires, commencées vers la
fin d'avril, pouvaient être considérées comme ter-
minées vers la fin de mai. Les différents corps
d'armée se donnaient la main, et les dernières tribus, enfermées dans un cercle de fer, se rendaient
à merci.

Les Khroumirs étaient châtiés: on avait escaladé
successivement leurs mamelons et leurs crêtes,
on les avait débusqués de leurs positions, on
avait pénétré dans leurs repaires et pris leurs troupeaux.

Les « pantalons rouges et les grandes capotes[1] »
avaient été admirables d'entrain, de crânerie et de
vaillance. Rien n'avait pu les arrêter : ni les pluies
torrentielles, ni les terrains détrempés, ni les

---

1. C'est ainsi que les Khroumirs désignent nos soldats.

pentes et les sommets, ni les balles d'un adversaire invisible et insaisissable, ni même les foudres de Sidi-Abdallah-ben-Djemel, le grand protecteur de la contrée.

CHAPITRE II

Les Khroumirs venaient de prendre place, tout d'un coup et au bruit du canon, dans notre histoire et dans nos cartes géographiques.

Mais à quel peuple se rattachent-ils et quels sont leurs ancêtres ?

Les Khroumirs ont perdu jusqu'au souvenir de leur origine. Comment, au surplus, l'auraient-ils conservé ?

Il n'existe pas chez eux d'annales nationales, mais seulement des traditions orales dont bien peu survivent à la génération qui les a vues naître ou tout au plus à la suivante. L'histoire, ils ne savent pas ce que c'est, et ils s'en soucient comme de

leur premier burnous. Pour eux, le passé est mort
et ils ne s'imaginent pas qu'on puisse l'interroger
pour y chercher un enseignement quelconque ou
une règle de conduite pour l'avenir; cette curio-
sité, si naturelle à l'homme, de savoir ce qu'ont
fait ses devanciers, ne les pique pas, et dès que les
événements antérieurs cessent d'exercer une influence directe sur les intérêts du présent, ils se
hâtent de les oublier, ou tout au moins ils ne font
aucun effort pour les retenir.

Les Khr'oumirs sont donc aussi ignorants, peut-
être plus ignorants que nous de leur propre origine.

Cependant, lorsque vous les interrogez à cet
égard, ils vous répondent sans broncher et comme
si l'aveu les flattait : « Nous sommes Arabes et
descendants du grand marabout Sidi-Addallah-ben-
Djemel. »

Et ils le croient de très bonne foi. Mais est-ce
bien là leur souche ?

A ne s'en rapporter qu'au physique, on serait
tenté de le croire ; car, à travers les âges, par le
contact et le croisement, le type primitif khroumir
s'est tellement modifié qu'il reproduit aujourd'hui
dans une large mesure le type arabe. C'est à peine
si quelques dissemblances par-ci par-là viennent
déceler une lignée antérieure, cananéenne, ro-
maine ou vandale, qui ne permet pas à un obser-

vateur attentif de prendre les Khroumirs pour des Arabes de race pure.

Seulement, à tous les autres points de vue, les divergences éclatent.

Commençons par la religion.

Les Khroumirs sont mahométans ; mais, à la différence des Arabes, mahométans peu fervents, ils n'ont de musulman que l'écorce. Grattez un peu, creusez et fouillez, vous trouvez en eux, sinon des libres penseurs, du moins des esprits forts ; ils ne font pas leurs prières, observent mal le jeûne et plus mal encore les ablutions, sans compter que beaucoup d'entre eux s'en vont faire la sieste à la mosquée. Il y a loin de là à ce qu'on appelle de vrais croyants.

Vrais croyants ! Comment le seraient-ils après avoir, au milieu des vicissitudes et des révolutions sans nombre dont leur pays a été le théâtre, changé tant de fois de religion ? La tradition nous apprend qu'ils ont apostasié jusqu'à douze fois : ils ont été idolâtres, polythéistes, chrétiens, que sais-je encore ? avant d'être mahométans. Chaque conquérant apportait avec lui sa religion qu'il leur imposait. Pour se soustraire aux violences ou aux persécutions, ils l'acceptaient ou faisaient semblant de l'accepter ; ils s'en couvraient ainsi que d'un burnous, gardant dessous leur foi première. C'est avec cette arrière-pensée qu'ils ont embrassé l'isla-

2

misme, forcément et sous le coup du cimeterre.
Aussi ne l'ont-ils adopté qu'à demi, comme on le
voit par l'examen des formes sociales et des
lois.

En effet, tandis que tous les musulmans du
globe s'en tiennent au Coran comme au Code
complet, universel, qui embrasse la vie entière
d'un peuple et règle jusqu'aux moindres détails de
sa conduite publique ou privée, les Khroumirs, par
exception, observent des statuts particuliers, trans-
mis par leurs ancêtres, et qui sur bien des points
sont en désaccord avec la loi musulmane; en
d'autres termes, en adoptant le Coran comme
guide de leur foi religieuse, ils l'ont rejeté comme
code pour garder leurs anciens usages, où respirent la liberté, l'égalité et la fraternité, trois
choses qu'on chercherait vainement dans les institutions arabes.

L'opposition des caractères met encore plus en
évidence la diversité de souches.

L'Arabe est nomade et vit sous la tente: aujour-
d'hui il est ici, demain il est là ; il s'arrête le temps
de laisser paître son troupeau et de manger lui-
même, puis il plie bagage et pousse plus loin,
comme si Dieu l'avait condamné à errer éternel-
lement sur la terre africaine. Le Khroumir, au
contraire, est fixé au sol et à sa hutte ; il a l'air
de dire au conquérant qui passe : je ne bouge pas,

je suis le fils de ces montagnes et de ces plaines,
j'ai le droit du premier occupant.

L'Arabe est ami de l'ostentation et du luxe ; le
Khroumir se soucie peu de paraître et ne met du
luxe qu'à son fusil, à l'arme qui doit protéger son
honneur et son indépendance.

L'Arabe est traître, le Khroumir est franc :
méfiez-vous toujours du premier : vous pouvez vous
fier au second, quand il a donné sa parole.

L'un et l'autre sont voleurs ; mais l'Arabe vole
tout le monde indistinctement, tandis que le
Khroumir ne vole jamais ses frères.

Ainsi donc, bien que vivant en contact depuis
des siècles, l'Arabe et le Khroumir sont séparés
par un abîme. Ils ne s'accordent que sur un seul
point : l'Arabe déteste le Khroumir et le Khroumir
déteste l'Arabe.

Une antipathie si vivace serait inexplicable, si
on ne l'attribuait pas à un ressentiment tradi-
tionnel perpétué d'âge en âge entre la race conqué-
rante et la race vaincue.

Cette simple esquisse comparative des physio-
nomies, des croyances, des mœurs, des coutumes
et des caractères suffirait à prouver la dualité
nationale des Khroumirs et des Arabes.

Mais je veux présenter un autre argument qui,
pour arriver le dernier, ne sera peut-être ni le
moins fort ni le moins décisif.

« Il n'y a pas jusqu'aux légendes qui ne puissent jeter quelque lumière sur l'histoire d'un peuple et nous apprendre à le connaître. »

Si Voltaire a dit cela des légendes ou quelque chose de semblable, à plus forte raison est-il permis de le dire de la langue elle-même, sorte de miroir fidèle où se reflète toute la vie d'un peuple, son passé comme son présent.

A mon avis, la langue est la vraie pierre de touche des nationalités. Deux tribus voisines parlent le même idiome : elles sont sœurs, issues d'un ancêtre commun. Leur idiome est-il différent : leur souche l'est aussi ; elles ont pu et peuvent s'allier l'une à l'autre, se mélanger, mais non se fondre.

Les Khroumirs et les Arabes parlent-ils la même langue ?

Non.

Eh bien ! ce sont deux peuples distincts.

La communauté ou la différence de langage établit, de la façon la plus certaine, la communauté ou la différence d'origine.

Les Khroumirs parlent, sauf quelques expressions locales, le dialecte berber usité parmi les montagnards de l'Aurès, c'est-à-dire le chaouïa. Ce sont donc des Berbers comme ces derniers et, comme eux, ils appartiennent à la race autochtone du nord de l'Afrique, race autrefois compacte et

souveraine, autrefois maîtresse de tout le pays
compris entre la mer Rouge et l'Atlantique, mais
aujourd'hui éparse et subjuguée, refoulée dans les
montagnes par suite des conquêtes successives de
la plaine et morcelée en plusieurs groupes de
population, séparés les uns des autres par de
vastes étendues de terrain[1].

1. A propos de l'origine des Khroumirs, lire les belles pages
du général Daumas sur celle des Kabyles, leurs frères de race.
(Daumas, *Grande Kabylie*, Hachette, 1847, in-8°.)

CHAPITRE III.

DIVERSES FRACTIONS KHROUMIRES. — LEUR INDÉPEN-
DANCE. — COMMENT LES KHROUMIRS TRAITENT LES
INTRUS.

Quand donc, à l'époque des invasions, surtout de
l'invasion arabe, la race berbère fut chassée des
villes et des campagnes, quelques tribus, pour
échapper à la domination étrangère et ne pas
subir le contact du vainqueur, se réfugièrent sur
les montagnes du littoral de la Méditerranée. C'est
là, au nord-ouest de la Tunisie, dans la région
comprise entre la frontière algérienne et l'oued
Zouarha d'une part, la mer et la chaîne du petit
Atlas d'autre part, qu'elles vivent dans une indépendance presque absolue et sans souci du pacha

MER MÉDITERRANÉE

PAYS
des
KHROUMIRS

Echelle de $\frac{1}{400\,000}$

0   5   10   20

LaCalle

Oum Teboul
Ref aum Teboul

Roum el Souk

Marabout
de Sidi Abdallah

Sloul

Gouaïdia

Ouled cedra

Ouled H. ben said

Ouadia

MER

CHAHA

HAMDOUNS

Gravé par A. Morin

37°

6°50

37°

à trois queues, le bey de Tunis. Le vent qui passe
sur les cimes apporte avec lui comme un souffle
de liberté. Ce sont :

Au nord, les Nefzas, les Mecknas et, bordant
notre cercle de la Calle, les Khroumirs ;

Au-dessous du pays des Khroumirs, en descen-
dant le long de notre cercle frontière de Souk-
Arrhas, les O. Sidra, les Ouchtetas, les Meressen,
les O. Ali et les Beni Mazzen ;

Dans l'oued Ghrezela, bassin de la Medjerda,
les Chiahia, et un peu plus haut les Amdouns.

Toutes ces tribus forment plusieurs confédérations, dont le but principal est de défendre l'entrée
de leur territoire.

De toutes ces confédérations, la plus rude et la
plus indépendante est celle des Khroumirs, qui
donne quelquefois son nom à toute cette contrée,
bien qu'elle n'occupe, à proprement parler, que
le territoire nord-ouest entre la frontière algérienne et la mer.

Elle se divise en six fractions principales : les
O. Amor, les O. Ben-Saïd, les O. Cedra, les Sloul,
les Slelma et les Houamdia, qui eux-mêmes se
subdivisent en[1] : Rouaissia, Breikia, Aouatmia, Be-
chainia, Souatmia, Djedaidia, Houaizia, Elas-
sema, Rekraissia, El Atatfa, Tebaïnia, Gouaidia,

1. Voir, pour plus amples renseignements, la carte du ministère de la guerre.

O. Ali ben Nasseur, Hamran, Debabsa, Saidia, Asseinia, Areidia, Areifia, Khleifia, Kouasmia....

Grandes ou petites, toutes ces fractions sont

SIDI-MOHAMMED-ES-SADOK, bey de Tunis, décédé le 28 octobre 1882.

indépendantes les unes des autres et forment autant de républiques distinctes.

Grâce à leurs qualités guerrières, les Khroumirs ont pris une importance extraordinaire qui les fait, même aux yeux du bey, les vrais dominateurs du littoral; ils y règnent en maîtres absolus, et malheur à qui va chez eux avec des allures suspectes.

On raconte qu'un intrus[1], qui ramassait des
échantillons de pierres et de minerai, ayant été
aperçu par un Khroumir, se trouva très heureux
d'en être quitte pour vider ses poches et être re-
conduit à la limite du territoire. Un autre, qui voulait faire un levé de plans, fut terrifié en voyant, au
bout de sa mire, un fusil qu'ajustait une noire tête
de montagnard ; il y perdit ses instruments et fut
dépouillé de tous ses papiers, parce qu'ils pouvaient
contenir des notes.

Il y a quelques années, Sidi-Mohammed-es-Sadok, voulant faire acte d'autorité, envoya contre
les montagnards révoltés un de ses généraux. Le
général débarqua sur la plage, à Bordj-Djedid,
avec quelques mille hommes tant d'infanterie que
de cavalerie ; mais il ne put jamais franchir les
premiers mamelons qui bordent la rive gauche de
l'oued Kebir. Après trois mois de tentatives, il fut
obligé de s'en aller comme il était venu. On lui
avait permis seulement de faire traverser l'oued,
chaque jour, à quelques soldats allant aux provisions[2].

On n'a pas facilement raison des Khroumirs dans
leur pays.

1. Voir *Revue de Géographie,* août 1879, article d'Edmond
Desfossés.
2. Edmond Desfossés, *Tunisie*. — Challamel aîné.

CHAPITRE IV.

LE PAYS DES KHROUMIRS. — LA MONTAGNE SAINTE. — LE MARABOUT DE SIDI-ABDALLAH-BEN-DJEMEL. — PRISE DU MARABOUT PAR LES FRANÇAIS. — STUPEUR DES KHROUMIRS.

Ce pays, couvert de montagnes, de broussailles et de forêts, rappelle le Jurjura : c'est, si je puis m'exprimer ainsi, la Kabylie tunisienne.

Les montagnes commencent vers Oum-Theboul avec une moyenne de trois ou quatre cents mètres, et vont, toujours s'étageant vers l'est, jusqu'à des faîtes de mille ou douze cents mètres.

Elles sont entrecoupées de gorges profondes, ravinées dans tous les sens, boisées jusqu'aux sommets, escarpées et partout d'un abord extrê-

KOUBBA DE SIDI-ABDALLAH-BEN-DJEMIL.

mement difficile. Une d'elles, qui est fort ardue,
appelée le Djebel-Melah, et située à cinq kilomètres environ nord-est du Djebel-Adissa, c'est-
à-dire tout à proximité de la frontière française,
jouit d'une grande vénération, parce qu'elle porte
dans ses flancs la koubba ou tombeau du fameux
marabout Sidi-Abdallah-Ben-Djemel[1].

Ce tombeau est en tout semblable pour la forme
à ceux qu'ont vus les voyageurs et les soldats en
Algérie. C'est une construction carrée de dix
mètres de côté, surmontée d'une coupole. Le tout
en pierre blanche, devenue grisâtre par le temps.

L'entrée est précédée d'une petite cour fermée.
Dans l'intérieur de la mosquée est le tombeau du
saint, un sarcophage en pierre.

Le plateau, au centre duquel s'élève le monument, est situé à mille mètres d'altitude; il est
formé par une petite prairie; au fond s'étend un
bois de chênes-lièges dominé par une crête sans
aucune végétation. Le bois, après avoir contourné
le monticule sacré, descend les pentes qui font
face au nord.

C'est particulièrement dans le Djebel-Melah,
sorte de forteresse naturelle, « Kef », que les
Khroumirs avaient mis leur confiance pendant la

---

1. Voir, sur les Koubbas, *Revue de Géographie*, août et
décembre 1881.

dernière guerre; ils y avaient expédié leurs
femmes, leurs enfants, leurs bestiaux et une partie
de leurs approvisionnements; jamais les troupes
du bey n'avaient pu l'escalader.

Une fois, dit la légende, une armée tunisienne,
voulant soumettre le pays, s'était avancée jusqu'au
pied du Djebel-Melah. Déjà elle touchait la montagne sainte, lorsque le vieux marabout, indigné, fit
pleuvoir sur elle une grêle de boulets. L'armée tunisienne resta sur place sans pouvoir fuir. Elle fut
entièrement détruite.

Après avoir anéanti sans plus de façon une armée de croyants, après tout, le moins que pouvait
faire Sidi-Abdallah, c'était de foudroyer l'armée
française, une armée de giaours. Les Khroumirs y
comptaient. Il n'en fit rien.

Cependant, on eût bien dit qu'il s'était mis de la
partie.

Le matin du 7 mai, un orage avait éclaté. Le
soir, il en vint un second plus formidable que le premier. Le tonnerre roulait avec fracas dans les montagnes, répercuté par de nombreux échos.

— Té! mon bon! s'écria un Marseillais de la brigade Vincendon, c'est l'artillerie de Sidi-Abdallah
qui arrive.

Mais l'artillerie de tous les marabouts d'Afrique
n'eût pas arrêté nos soldats.

L'attaque avait été fixée au 8.

Elle devait avoir lieu non plus par le nord, comme on l'avait d'abord projeté, mais par le sud.

Par Kef Chéraga, Hadjar M'Kaoura et Babouch, on aurait trouvé des crêtes, un pays difficile, entrecoupé de ravins. Par Bled Mana, on avait trois ou quatre crêtes à franchir, il est vrai, mais ensuite le terrain ne paraissait pas offrir de sérieux obstacles.

Le 8 au matin, toute la division Delebecque se trouvait massée à Bled Mana, au pied de la petite colline qui sert de base à la montagne sainte. Les reconnaissances faites par les goums[1] dans les journées du 6 et du 7, les renseignements reçus, tout faisait supposer que Sidi-Abdallah-ben-Djemel serait énergiquement défendu par les Khroumirs.

L'atmosphère était encore brumeuse, mais la pluie de la veille avait cessé.

L'armée était joyeuse, tous les fronts s'animaient. On se voyait enfin au moment d'une action décisive. Le soldat se sentait plein d'entrain, disposé à surmonter toutes les difficultés, prêt à tous les courages.

Les officiers, sérieux, attentifs, jetaient un dernier coup d'œil sur leurs hommes. Jamais jeune

---

1. Les goums sont des Arabes irréguliers qui font, en avant de nos colonnes, l'office d'éclaireurs. L'autorité militaire les paye, homme et bête, à raison de trois francs par jour. Ceux qui marchaient avec nous, dans l'expédition contre les Khroumirs, ont trouvé une large compensation dans l'abondance des fourrages que l'on a trouvés dans la plupart des vallées.

troupe n'avait témoigné plus d'ardeur et de confiance en elle-même.

Le signal fut enfin donné. La division en ligne commença à gravir la colline, les bataillons de la brigade Vincendon à gauche, ceux de la brigade Galland au centre, les bataillons de la brigade Caillot à droite. Les tirailleurs de chacune des brigades s'étaient déployés pour les couvrir.

La colline fut dépassée, une première crête fut franchie, puis une seconde.

On montait toujours. Les montagnes se resserraient, fermant toute perspective. Après un monticule venait un vallon, puis un autre monticule.

Avec une troisième crête le coup d'œil changea.

On se trouvait au sommet des montagnes. En face s'étendait un tapis de verdure qui semblait se continuer jusqu'au marabout que l'on apercevait distinctement à un kilomètre au plus. Tout à coup la colonne Vincendon s'arrêta.

A ses pieds s'ouvrait une profonde échancrure formée par une étroite vallée dont les versants étaient presque à pic. Au fond coulait un ruisseau gonflé par les pluies, dont les bords étaient parsemés de petits champs cultivés, d'arbres et de gourbis.

C'était un obstacle presque infranchissable pour l'artillerie. Pour le lui faire franchir, on eût dû démonter les pièces et les affûts et les charger

sur les mulets. On se contenta de la placer en position sur le bord du ravin.

L'infanterie commença à descendre.

Les deux autres brigades, ayant rencontré le
ravin plus profond avec des pentes plus raides,
s'étaient arrêtées.

La brigade Vincendon, appuyée par toute l'artillerie, marcha seule sur le marabout.

Il fallait passer le ravin.

Le général s'engagea le dernier. Ses quatre
bataillons rompirent complètement les rangs. On
dégringola à la file s'accrochant aux touffes
d'arbres, cherchant une anfractuosité pour y
placer le pied, s'appuyant sur le fusil. Quelques
hommes roulèrent sans se faire grand mal.

On arriva sur le bord du ruisseau. Les soldats
coupèrent des fascines et on jeta un pont. Dans les
gourbis, tous abandonnés, on trouvait du grain,
des armes, quelques ustensiles.

Les Arabes convoyeurs ramassèrent les récoltes
pour leurs animaux et mirent les gourbis en réquisition.

On escalada l'autre versant pendant que l'artillerie de la brigade Galland fouillait à coups de
canon le bois qui s'étendait en arrière du
marabout.

Les quatre bataillons de la brigade Vincendon
prenaient enfin pied sur le plateau.

Il était abandonné des derniers Khroumirs qui
fuyaient en poussant des cris. A trois cents mètres
se dressait le monument de Sidi-Abdallah-ben-
Djemel. Nos soldats foulaient enfin cette terre qui
n'avait jamais été « souillée » jusqu'alors par le
pied d'un Roumi.

Le général Delebecque s'avança vers la mosquée.
Sur la porte se tenait majestueux l'oukil ou gardien du · monument. C'était un auguste vieillard
dont la barbe blanche tombait sur la poitrine. Il
avait mieux aimé affronter la mort que déserter
son poste. Par l'intermédiaire d'un interprète, il
déclara au général qu'il était un simple prêtre qui
ne s'était jamais mêlé de guerre. Il lui demanda
de prendre sous sa protection la Koùbba et ce que
les fidèles avaient placé sous la sauvegarde du
saint.

Le général rassura le vieillard.

Dans la cour, le long des murs et dans l'intérieur
même du marabout, une quantité d'objets de
toutes sortes, des armes, des · provisions, des
tentes, des vêtements frappaient les regards.

Sur le plateau paissait un troupeau de petits
bœufs et de moutons que le gardien déclara être
à lui et qu'on lui rendit.

Derrière le général, les goums et les Arabes de
la colonne se précipitèrent pour s'agenouiller.
Tous baisèrent avec respect le sarcophage. Sidi-

Abdallah est en grande vénération dans toute la région de la frontière tunisienne.

On fouilla de nouveau le bois par quelques coups de canon. Rien ne bougea. Les soldats formèrent les faisceaux pour le déjeuner et le café. Il était midi, et, depuis le matin, les hommes n'avaient rien pris.

Le général Vincendon venait de rejoindre le général Delebecque. Il fut décidé qu'on établirait autour du marabout une zone de protection. C'était une bonne mesure politique. Tout ce qui avait été confié à Sidi-Abdallah profita du droit d'asile.

Beaucoup de Khroumirs vinrent faire leur soumission là même, apporter leurs fusils et demander l'aman. Entre autres les Ouled Cedra.

L'occupation du marabout constituait l'événement le plus important de la campagne. La dépêche officielle signalait en ces termes l'importance de cette position au centre du pays khroumir :

« Nos troupes viennent d'occuper sans combat Sidi-Abdallah-ben-Djemel, position inexpugnable où est situé le tombeau du marabout le plus vénéré de toute la Tunisie.

« Les Khroumirs s'y étaient massés; mais se voyant sur le point d'être enveloppés de toutes parts, ils se sont retirés avant l'arrivée de nos soldats.

« La position dont nous sommes maîtres est la

plus forte du pays et assure le résultat décisif de la campagne [1]. »

Grande avait été, paraît-il, la stupeur des Khroumirs en voyant le torrent déborder au centre du massif. Il était admis, chez eux, qu'aucune armée ne pouvait y accéder. Les expéditions envoyées à diverses époques par les beys s'étaient toujours arrêtées au pied des montagnes qui s'enchevêtrent autour de Ben-Métir. Voir les Français déboucher avec l'artillerie, la cavalerie, les convois, avait été pour les Sloul, les habitants de cette région, le comble de la stupéfaction; ils avaient été terrifiés par ce déploiement formidable de forces. Les gens de la tribu, qui s'étaient d'abord cachés à l'approche de nos soldats, ayant obtenu l'aman, sortaient maintenant en foule de leurs refuges pour venir curieusement examiner les envahisseurs. Jamais le pays n'avait vu pareille irruption. Nos troupiers eux-mêmes étaient tout étonnés de se trouver là, et ils se demandaient presque si quelque magicien ne les y avait pas transportés; ils avaient dû y arriver par des sentiers étroits, bordés de précipices épouvantables qui, pour la plupart, n'ont pas moins de cent à deux cents mètres de profondeur, où les mulets roulaient à chaque instant, entraînés

1. Sur la prise du marabout ou koubba de Sidi-Abdallah, voir *les Français en Afrique* ou *la Guerre en Tunisie*. — Librairie illustrée, rue du Croissant.

par leur charge vacillante. Et encore ces sentiers,
il avait fallu, pour la plupart, les improviser à
travers les montagnes et les bois, en coupant les
arbres, en mettant le feu aux broussailles, en sou-
levant les roches qui barraient la route.

CHAPITRE V

RESSOURCES DU PAYS DES KHROUMIRS. — FORÊTS. JARDINAGE. — AGRICULTURE. — LES QUATRE VALLÉES. — LE FIGUIER. — L'OLIVIER. — LES ARBRES FRUITIERS. — LE CHÊNE A GLANDS DOUX. — LA CHASSE.

Après l'ennemi lui-même et les montagnes, les bois avaient été l'obstacle le plus sérieux qui s'était opposé à la marche de nos troupes.

Le pays des Khroumirs renferme de très belles forêts, même de haute futaie. Le chêne à glands doux, le pin, l'orme, le hêtre, le frêne, le chêne-liège y abondent et le sol recèle une grande quantité de minerais, surtout de cuivre, de fer et de plomb. Mais rien de tout cela n'est exploité, pas

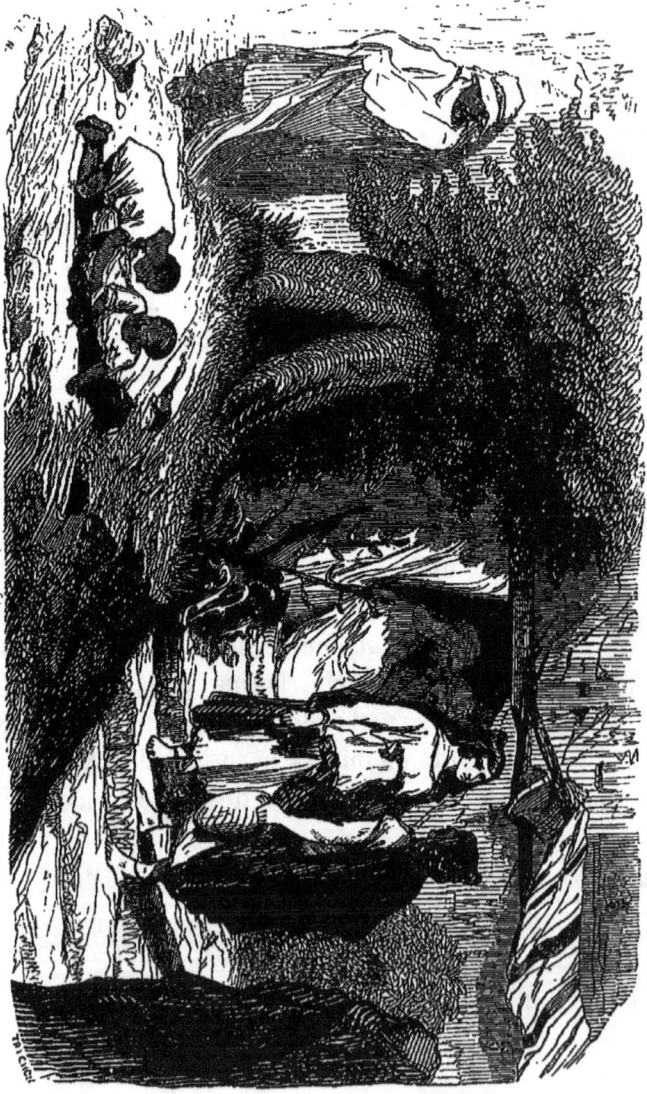

UNE FAMILLE DE KHROUMIRS DANS LEUR JARDIN.

plus les richesses du sous-sol que celles de la su-
perficie. Et cependant en maints endroits l'exploitation en serait facile et, grâce aux ports voisins
de la Calle et de Tabarka, très avantageuse. Que
voulez-vous? Les Khroumirs ne savent pas tirer
parti de leurs mines et de leurs forêts. Savent-ils
au moins faire valoir leurs terres, les cultiver, les
nettoyer, les fumer? Pour cela, oui. Il n'y a pas
chez eux le plus petit coin de terre, le moindre
pli de montagne qui ne soit utilisé ; on y sème des
lentilles, des fèves, des pois, des haricots, des
choux. Chaque famille a son jardin, entretenu avec
un soin minutieux. Les Khroumirs sont des maîtres
en fait de jardinage; même en fait d'agriculture,
ils sont loin d'être arriérés : les travaux de
quelques tribus témoignent d'un état assez avancé,
indiquent certaines notions agricoles.

Je suis convaincu que le Khroumir serait tout
entier à l'agriculture, si les céréales devaient lui
promettre assez pour sa consommation ; mais il a
beau manier patiemment la pioche et la charrue,
il ne peut rien contre l'aridité du sol, contre la
raideur des pentes et contre la violence des eaux
qui viennent trop souvent raser ses récoltes. Autre
chose encore : les régions labourables en Khroumirie sont rares ; je ne connais guère que trois ou
quatre vallées fertiles, grâce aux cours d'eau qui
les traversent : ce sont les vallées de l'oued Tes-

sala, de l'oued Djenane, de l'oued el Lil et de l'oued Zeen.

L'oued Tessala ou el Kebir sort des environs du col Babouch sous le nom d'oued Daraoui, et va se jeter à la mer, en face de Tabarka. La vallée qu'il parcourt est bordée de bois épais sur les pentes, mais elle est découverte sur les deux bords et assez riche tout le long du torrent; elle ne vaut pas cependant la vallée de l'oued Djenane.

L'oued Djenane, un des affluents de l'oued Tessala, prend sa source tout près du col de Fedj-Kahla, chez les O. Cedra, tribu puissante, comptant environ 1,500 fusils. Il court dans un vallon étroit et sinueux, d'une remarquable fraîcheur, garni d'une épaisse verdure. On croirait traverser un magnifique pâturage de Normandie. L'eau roule sur des roches assises et des cailloux mélangés de quartz. Les rives sont frangées de délicieux bosquets de lauriers. A terre, des romarins. Çà et là, des cactus, des figuiers de Barbarie avec leurs longs piquants. Dans les gorges qui descendent vers l'oued, des massifs d'aubépine, du lierre grimpant le long des rochers. Dans les champs, de l'orge.

La plaine de Ben-Metir n'est ni moins jolie ni moins fertile, avec ses blés et ses orges superbes. Seulement elle est très petite; elle a tout au plus trois kilomètres de long sur deux de large. Le torrent qui la sillonne et la féconde fourmille de poissons, et ces poissons se laissent prendre avec une complaisance vraiment étonnante.

Dans la dernière campagne, nos troupiers s'étaient fait des lignes avec des branches coupées aux lauriers-roses et les avaient généralement munies de trois fils supportant une épingle tordue, fendue près de la pointe pour former le dard.

Un pêcheur de profession n'accepterait pas comme vraie la quantité de poisson captée par nos fantassins dans l'oued el-Lil avec cet engin plus que primitif. Il y avait surtout de gros barbeaux qui devaient être d'une naïveté grande pour se laisser prendre ainsi aux appâts que leur tendaient les pantalons rouges. Le soir, toutes les *popotes* étaient alimentées de matelotes [1].

L'oued Zouarha ou Zeen coule dans un ravin très escarpé, bordé des deux côtés de chênes-liège magnifiques, épais, touffus et entrelacés de plantes grimpantes telles que le lierre; il prend sa source dans le Dra Slassel et arrose les régions habitées par les Slelma, les Mecknas et les Nefzas, régions montagneuses comme celle de Sidi-Abdallah, comme le pays des Sloul, mais cultivées dans les fonds, le long des ruisseaux et dans les espaces abrités.

Voilà à peu près les seuls endroits où l'on trouve

1. Voir *les Français en Afrique* ou *la Guerre en Tunisie*.

des terres cultivables. Hors delà, le sol n'est propre qu'à l'arboriculture. Les Khroumirs le comprennent et concentrent sur les arbres à fruits leur travail et leurs espérances.

Le figuier est à la fois une ressource alimentaire et commerciale ; cet arbre croît vite : au bout de quatre ou cinq ans il rapporte. On fait sécher les figues sur des claies, puis on les place dans des paniers et on les emporte.

Mais, selon son expression, la vraie *vache à lait* du Khroumir, c'est l'olivier : il le soigne comme son trésor. Aussi atteint-il des proportions et une fécondité merveilleuses; il y en a qui mesurent plus de deux mètres de diamètre à la base. C'est seulement une année sur deux que la récolte des olives est abondante: la cueillette dure tout l'hiver; on les conserve dans des enclos de branches et la préparation de l'huile s'opère en plein air, au printemps, au moyen d'entonnoirs percés de trous au travers desquels l'huile découle peu à peu.

Pour être les plus précieux représentants des arbres fruitiers, le figuier et l'olivier ne sont pas les seuls : il convient de citer encore le poirier, le pommier, le pêcher et surtout, en raison de son utilité, le chêne à glands doux.

Le gland doux est un des premiers éléments de la nourriture des Khroumirs; ils le mangent grillé ou en font une espèce de couscous.

La chasse leur vient aussi en aide à certaines époques. Le gibier ne manque pas chez eux ; il y a comme gibier à plumes : des perdrix, cailles, bécasses, grives, pigeons ; comme gibier à poil: des lièvres, lapins, etc.

Telles sont les principales ressources alimentaires qu'offre le pays khroumir : des fruits en abondance, mais pas assez de céréales. Comment s'y prennent donc ces montagnards pour vivre ? Les uns se livrent au commerce, les autres à l'industrie, le plus grand nombre au vol et au brigandage.

CHAPITRE VI

COMMERCE. — INDUSTRIE. — BRIGANDAGE.

Les Sloul, par exemple, sorte d'éleveurs en grand possèdent des troupeaux considérables, dont la vente suffit à la rigueur à leurs besoins personnels.

Quelques tribus des Slelma, des Houamdia et des O. Ben-Saïd s'occupent de la préparation des cuirs, de l'extraction du tannin, de la fabrication du savon noir, des burnous, des chachias, des cordes en laine, en paille ou poil de chèvre, des moulins à bras et de la poudre.

Nous devons une mention spéciale à la manière dont les Khroumirs fabriquent la poudre. Cette industrie s'exerce dans un grand nombre de villages.

Les matières premières, salpêtre, soufre et

charbon, au lieu d'être, comme chez nous, pulvé-
risées séparément, sont triturées ensemble au
moyen de pilons de bois dans des mortiers de
bois. Ce travail est fait à la main par des femmes.
Le dosage des matières, dépendant du caprice
individuel, est naturellement assez variable.

On obtient le salpêtre en lessivant les terres
provenant du sol des vieilles maisons. Le charbon
est préparé avec du saule et du laurier-rose. Le
soufre est acheté à Tunis[1].

La poudre khroumire, un peu moins forte que
la nôtre, satisfait néanmoins aux conditions d'une
bonne poudre de guerre.

Les tribus dont nous venons de parler trouvent,
à peu près, leur nécessaire dans le commerce et
l'industrie; mais il y en a certaines, notamment
les O. Amor et les O. Cedra, qui, pour joindre les
deux bouts, sont obligées de se livrer au vol et au
brigandage élevées à la hauteur d'une profession;
elles sont en hostilité pour ainsi dire permanente,
avec les tribus algériennes de la frontière et ne
manquent aucune occasion de les razzier; elles
trouvent pour cela des auxiliaires complaisants dans
leurs voisins, les Ouchtetas, autre confédération de
brigands dont le territoire s'enfonce dans le nôtre
comme un coin.

1. Voir *Chez les Khroumirs*, par deux anciens zouaves. Paris,
typographie Collombon, 22, rue de l'Abbaye.

4

Quant aux fractions riveraines de la Méditerranée, nous avons déjà vu qu'elles se sont toujours
signalées par le pillage des navires échoués sur la
côte.

CHAPITRE VII

PORTRAIT KHROUMIR. — COSTUME.

Au physique, nous l'avons dit, les Khroumirs reproduisent dans une large mesure le type général arabe, avec la barbe moins noire, le teint moins foncé, la peau moins fine, mais les traits plus expressifs. Le maxillaire inférieur, très développé, les dents longues et blanches, l'œil petit et vif donnent à leur physionomie un caractère remarquable de férocité. D'une taille élevée, secs, nerveux et habiles à tous les exercices du corps, vivant d'un rien, ignorant l'usage du vin et de l'alcool, ces montagnards sont admirablement préparés à la vie d'aventures et d'incursions qu'ils mènent depuis l'antiquité la plus reculée.

Leur costume est des plus sommaires. La cha-
chia sur la tête et quelquefois rien ; le cou, les
bras et les jambes nus ; la gandoura et, par-des-
sus, un burnous blanc ou rouge, suivant la condition ; un morceau de cuir sous les pieds en guise
de chaussure et encore pas toujours, voilà leur
tenue ; elle est assez primitive et ils n'en changent
pas souvent : chemise et burnous, ils les portent
jusqu'à la corde.

Quant aux femmes, une grande pièce d'étoffe de
laine ou de coton, pliée en deux, rattachée sur
les épaules par deux fortes broches en métal et
serrée autour de la taille par une ceinture bariolée,
fait le plus souvent tous les frais de leur habillement. Les bras restent nus. Grâce aux mouvements
de la draperie, ce vêtement ne laisse pas de pro-
duire quelque effet : il rappelle, par sa forme, la
robe de la statuaire antique. Dans les grands jours
de fête, les femmes khroumires ajoutent à leur
toilette ordinaire quelques mouchoirs à couleurs
voyantes, qu'elles fixent aux épaules ou jettent sur
la tête en manière de voile. Ces jours-là aussi elles
sortent leurs bijoux de cuivre, dont elles se cou-
vrent des pieds à la tête.

Les femmes khroumires, nubiles à dix ans, son
vieilles à vingt, repoussantes à trente. Chargées en
commun de tous les détails intérieurs de la tribu,
elles portent les fardeaux, sont employées aux

besognes les plus pénibles, et jouent, dans les
déprédations que commettent leurs seigneurs et

TYPE DE BERGER KHROUMIR.

maîtres, ou dans le pillage des épaves que la tempête jette à la côte, le rôle de bêtes de somme.

Au combat seulement, ces malheureuses sortent

de leur humble condition et prennent un rôle plus
élevé : côte à côte avec leurs maris et leurs pères,
elles chargent les armes, ramassent celles qui sont
tombées des mains des morts et s'en servent contre
l'ennemi ; dès que la poudre ne parle plus, ces
pauvres amazones retombent dans leur abjection
première et redeviennent, de guerrières qu'elles
étaient auparavant, les humbles esclaves de leurs
compagnons d'armes [1].

1. Voir *Chez les Khroumirs*, par deux anciens zouaves. Paris,
typographie Collombon, rue de l'Abbaye, 22.

CHAPITRE VIII.

VILLAGES KHROUMIRS. — HABITATIONS.
LE ROCHER DE FATH-ALLAH.

Les Khroumirs ne vivent pas sous la tente, à la façon des Arabes; ils ont des villages comme les Kabyles du Jurjura.

Ces villages ont la configuration des crêtes sur lesquelles ils sont perchés; ils sont généralement longs, étroits, seulement abordables par des sentiers muletiers, rocailleux, enroulés comme des couleuvres, croisés de broussailles et d'épines et rongés par les pas de l'homme qui, depuis les plus vieux siècles, n'a cessé de les suivre. Souvent la pente est si raide qu'on doit laisser les mulets au pied de la montagne et gravir l'escarpement en se retenant aux pointes des rochers, aux racines, aux cactus, comme s'il s'agissait d'escalader une véritable muraille.

Les maisons khroumires ne sont pas bâties en pierre, quoique la pierre abonde. Ce sont des gourbis situés à une certaine distance les uns des autres, même dans les centres de population. Par le mot *gourbis* il faut entendre des huttes construites avec des branchages et enduites au dedans et au dehors d'un gâchis de boue; des cabanes recouvertes de plaques de liège et n'ayant d'autre ouverture que la porte toujours très basse et jamais fermée; de misérables abris où vivent comme dans des écuries gens et bêtes, séparés seulement soit par des cordes, soit par une rangée de grandes jarres contenant les provisions du ménage (blé, huile, figues sèches); de noirs taudis enfin, où l'on fait la cuisine au milieu d'une fumée qui s'échappe comme elle peut par les interstices de la toiture; les meubles sont inconnus, la batterie de cuisine se réduit aux ustensiles les plus élémentaires; la nuit, les animaux couchent sur la paille et la famille sur des nattes.

Les Bédouins sous leurs tentes, où l'air circule librement, se trouvent dans des conditions plus hygiéniques.

Encore si tous les Khroumirs possédaient des gourbis! mais il y en a qui nichent dans les trous des rochers, tout comme les oiseaux de proie.

Les habitants d'un petit village des Hamran ont leurs habitations creusées dans les flancs du rocher de Fath-Allah. Ce rocher[1], percé dans sa façade principale de fenêtres carrées, à divers niveaux, est « comme un édifice à plusieurs étages; il a été creusé de main d'homme, à une époque indéterminée. Il n'est pas facile de parvenir même au premier étage de cette curieuse cité, tant le pied a de peine à trouver l'escalier, c'est-à-dire la série de trous pratiqués dans le roc qui en tient lieu. Jugez de la manière dont on monte à l'étage supérieur. Arrivé sur une plate-forme assez étroite, on se trouve en face de fenêtres-portes, carrées, dépourvues de maçonnerie, à hauteur variable. Les chambres auxquelles ces ouvertures donnent accès sont habitées ordinairement; cela se reconnaît au premier coup d'œil. Car, indépendamment de la fumée qui les noircit, les parois ainsi que la voûte ont conservé cette odeur particulière que répand la race indigène : un mélange de sueur humaine et de lainage. Taillés à angles vifs, ces compartiments sont carrés et mesurent environ trois mètres de longueur sur deux de largeur; pour la hauteur, ils dépassent de trente centimètres la taille d'un homme grand. Il n'y en a pas un seul

1. Voir *Revue de Géographie*, juillet 1881.

de ces réduits où l'on ne remarque la petite niche, encore grasse d'huile, qui reçoit la lampe.

« Ce rocher, percé de loges à toutes hauteurs, constitue une citadelle imprenable et un refuge à l'abri des bêtes fauves. La plupart des outils, ustensiles et objets d'un usage domestique, en avaient été enlevés, lors de notre visite, sauf un soufflet de forge à deux corps, trop lourd sans doute et que son propriétaire n'avait pas.eu le temps d'emporter avec le reste de son mobilier. J'ai vu sur plusieurs points de l'Algérie des grottes naturelles hantées par les bergers et servant d'asile aux troupeaux; mais à Fath-Allah, rien de semblable : tout y est l'œuvre de l'homme. Ni fissures, ni excavations dont on ait pu profiter; aucun travail de maçonnerie. Ces logements, qui tiennent plus du perchoir que de la maison, ont été façonnés par le ciseau du tailleur de pierres, et servent non au bétail, mais bien à des familles de Khroumirs, ayant chacune leur foyer séparé du foyer voisin, malgré une communauté sociale évidente. J'en ai remarqué qui paraissaient fraîchement terminés ou en voie d'exécution. Il est possible qu'il existe dans ce massif d'autres cités semblables; en tous cas, c'est la première que nous rencontrons de ce genre. Pour être complet, je dois ajouter que, soit par l'effet du hasard, soit en vue de connaître les heures, la roche tourne au soleil levant

sa façade armée de fenêtres, et qu'elle est cou-
ronnée d'une esplanade boisée, d'où l'on aperçoit,
sans être vu, une vaste étendue de pays, observa-
toire susceptible de devenir, en cas de guerre,
l'avant-poste de cette forteresse naturelle. »

CHAPITRE IX

LIBERTÉ. — ÉGALITÉ, — FRATERNITÉ.

Le docteur Colin a raison de regarder ces habitations rupestres comme des citadelles. Les Khroumirs n'ont rien plus à cœur que leur indépendance
et ils prennent toutes les précautions pour pouvoir
la défendre au besoin. C'est donc dans un but de
défense qu'ils se creusent des nids dans le roc, d'où
leurs yeux perçants comme ceux de l'aigle veillent
au dehors; c'est pour se protéger qu'ils construi-
sent leurs villages sur les croupes des montagnes
ou au faîte des rochers. De la sorte, le moindre
hameau porté par une crête est une petite place
forte qu'il faut enlever. Que la guerre éclate dans
ces contrées d'un accès que les Français seuls ont

pu tenter, et les Khroumirs, embusqués dans leurs
gourbis, retranchés dans leurs villages, font rouler
sur les assaillants une grêle de plomb et de pierres
qui a garanti leur liberté et leur nationalité contre
les Romains, contre les Arabes, les Turcs, les Espa-
gnols, contre le bey lui-même.

Mais s'ils sont passionnés pour la liberté, les
Khroumirs sont aussi de chauds partisans de l'égalité.

Chez eux, la classe pauvre ne se distingue pas,
comme chez nous, de la classe aisée par son exté-
rieur, ses manières, son langage et ses habitudes.
En voyant assemblés tous les habitants d'un village,
il est fort difficile de dire quels sont les pauvres,
quels sont les riches. Les vêtements sont unifor-
mément malpropres et déguenillés. La différence
d'éducation et d'instruction n'existant pas, le fakir
se mêle familièrement à la société du chef, qui ne
s'étonne ni ne s'irrite de son contact. N'allez pas
demander à un de ces hommes s'il est noble, bour-
geois ou prolétaire, il ne vous comprendrait pas.
Chez les Khroumirs, il n'y a que des Khroumirs
tirant plus ou moins le diable par la queue, mais
tous égaux devant Mahomet et devant la loi,
tous citoyens, tous soldats, ayant tous, du moins
en principe, les mêmes devoirs et les mêmes
droits, bien qu'en fait ils ne prennent pas une part
égale aux affaires publiques.

La fraternité n'est pas non plus un vain mot
pour ces mahométans. Je ne sais pas s'ils connaissent le précepte divin : « Aidez-vous les uns les
autres. » Dans tous les cas ils l'observent aussi
bien que beaucoup de catholiques.

Ainsi donc, cette belle devise que nous lisons
seulement depuis 1789 sur le frontispice de nos
édifices publics est, depuis des siècles, une réalité
dans les montagnes khroumires.

Nous l'avons trouvée gravée dans leur cœur ;
elle est également inscrite dans leurs institutions
politiques et sociales, dans leurs coutumes et leurs
lois.

DEUXIÈME PARTIE[1]

INSTITUTIONS

NOTIONS GÉNÉRALES

————

I

FORME DE GOUVERNEMENT.

Aux hommes d'État français, partisans d'un gouvernement libre et à bon marché, je recommande de prendre pour modèle celui qui fonctionne de temps immémorial au delà de la Méditerranée parmi les Berbers.

Le gouvernement khroumir, en effet, n'est pas

---

1. Pour cette partie surtout de notre travail et la suivante, nous avons consulté : la *Grande Kabylie* du général Daumas, Hachette, 1847 ; la *Kabylie* du général Hanoteau, Imprimerie nationale, 1872, et les *Kabyles du Djurjura*, du prince Nicolas Bibesco, *Revue des Deux Mondes*, avril et décembre 1865, mars 1866.

une république plus ou moins bourgeoise, savamment organisée et servie par un président, des ministres et une armée de fonctionnaires : c'est une démocratie pure, quelque chose comme le communalisme, avec quatre ou cinq agents au plus, nommés par les *comités* du village.

II

ÇOFS.

Car les Kroumirs ont aussi des comités qui portent le nom de « çofs » (rang, ligne).

Seulement, à la différence des nôtres, les leurs n'ont aucun caractère politique ni religieux, et ils ne peuvent pas en avoir, personne ne mettant en cause ni la forme du gouvernement ni la religion.

Un çof n'est autre chose qu'une ligue offensive et défensive, en d'autres termes, une association d'assistance mutuelle pour toutes les éventualités de la vie.

On ne saurait mieux définir son but que par ces mots : « Aide les tiens, qu'ils aient tort ou raison. »

Les gens ainsi groupés disent : « Nous ne faisons qu'un seul rang, qu'une seule et même ligne. »

Des intérêts communs, des relations de commerce ou de voisinage, des alliances de famille, telles sont les causes qui déterminent la formation des çofs.

On se donne à un çof pour trouver au besoin aide et protection. Le çof n'abandonne jamais ses adhérents.

Une rixe survient entre deux hommes de çofs opposés : les amis des deux champions, sans même s'informer du sujet de la querelle, sans même savoir qui a tort ou raison, accourent au secours et la mêlée devient générale.

Un d'eux est-il tué, ses enfants sont adoptés, nourris et entretenus par le çof auquel il appartient.

Chaque village est divisé en deux camps opposés, en deux çofs, rarement égaux en nombre et en moyens d'action. Si le parti le plus faible était abandonné à lui-même, il périrait ; mais il s'allie à l'un des çofs des villages voisins et, gagnant ainsi de proche en proche, il finit par s'étendre du village à la tribu et de la tribu à la confédération.

CHAPITRE PREMIER

DU VILLAGE OU DECHRA.

La commune française est une petite société qui a son existence propre, son individualité, ses ressources, ses dépenses, mais qui n'a pas son autonomie complète au point de vue administratif et politique; elle ne se gouverne pas elle-même, seule et en vertu de ses propres lois : c'est une mineure encore placée sous la tutelle du département et de l'État.

La *dechra* khroumire, au contraire, constitue à elle seule une vraie république indépendante, émancipée et majeure, se gouvernant elle-même, librement et en dehors de la tribu et de la confédération.

La commune française est la dernière unité politique et administrative. La dechra khroumire est la première et on pourrait même ajouter la seule, car la tribu et la confédération ne sont qu'une réunion d'unités indépendantes les unes des autres, se gouvernant elles-mêmes comme des États distincts et dont la fédération n'a même pas de caractère permanent ni de gouvernement central.

Cependant, au sein de la dechra, véritable unité politique, se distinguent des unités secondaires dites *kharoubas*, dont chacune comprend un groupe de plusieurs familles, généralement de même origine et unies par les liens de parenté. Mais comme nos sections de commune, auxquelles elles correspondent, les kharoubas ne font qu'un avec la dechra et sont régies par les mêmes lois et les mêmes autorités.

AUTORITÉS COMMUNALES.

En principe, il n'y a qu'une seule autorité communale, entre les mains de laquelle sont concentrés tous les pouvoirs, pouvoirs législatif, exécutif et judiciaire. Cette autorité, c'est la *Djemda* ou assemblée générale des citoyens, dont les décisions sont souveraines.

Mais, être collectif et, par sa nature même,

inapte à veiller aux besoins journaliers de la vie
sociale, la Djemâa se fait assister dans l'exercice
de ses fonctions par plusieurs agents :

1° Par l'amin (maire) et des dahmans (adjoints),
qui constituent ce qu'on peut appeler le pouvoir
exécutif, ou mieux encore le comité de surveillance du village ;

2° Par l'oukil ou comptable des deniers de la
mosquée ;

3° Par un khodja ou greffier et un crieur public,
qui complètent la liste des agents de la Djemâa.

I

DE LA DJEMAA.

La Djemâa n'a pas un nombre de membres
limité comme notre conseil municipal : c'est
l'assemblée générale de tous les citoyens.

En font partie de droit et à vie tous les mâles
sans distinction, majeurs ou en état de porter les
armes, et domiciliés, bien entendu, dans le village.

Ainsi donc, le Khroumir devient à la fois et le
même jour électeur, éligible, député, mieux
encore, sénateur inamovible, soldat et partie active
dans la juridiction de la chose publique. Voilà
bien le régime égalitaire par excellence.

Cependant, tout ce qui est de nature à élever l'homme au-dessus de son semblable n'en garde pas moins, là comme partout ailleurs, son prestige : l'intelligence, l'éloquence, le renom militaire, l'âge, la fortune, la naissance et même la profession sont autant de titres à l'influence dans la Djemâa.

La Djemâa a des séances ordinaires et des séances extraordinaires.

Elle se réunit en séance ordinaire une fois par semaine, de plein droit et sans convocation, le lendemain du jour où se tient le marché de la tribu.

Mais, en outre, elle peut être réunie extraordinairement par l'amin qui, dans ce cas, en fait donner avis la veille par le crieur public.

Tous les citoyens sont tenus d'assister aux réunions de la Djemâa ; quiconque, sans motif valable ou sans autorisation, manque à la séance, est passible d'une amende. Les absences sont constatées, au commencement de la séance, par les dahmans, chargés de faire l'appel chacun de sa kharouba.

Le lieu de réunion est la maison commune ou Djemâa, ainsi appelée sans doute du nom de l'assemblée ; elle est généralement située à l'entrée du village, sur un point isolé et culminant. C'est un bâtiment bien simple : il consiste en une assez vaste salle garnie de larges bancs de pierre qui servent de sièges aux assistants.

Après l'appel nominal, l'amin prend place au banc présidentiel, récite le fatah pour appeler la bénédiction du ciel sur les travaux de l'assemblée et déclare la séance ouverte. Aussitôt il expose les motifs de la réunion et invite les membres à émettre leur avis sur les affaires qui leur sont soumises.

Tout le monde peut prendre part à la discussion; les orateurs parlent de leur banc sans se lever; les vieillards, les chefs de famille et de çofs ou tous autres personnages importants n'ont pas besoin de demander la parole; mais les jeunes gens, les fellahs ou les hommes dont les professions sont flétries et réputées viles, comme celles de boucher, de cordonnier, de mesureur de grains et de tambourineur (tebabla), tous ces gens-là sont obligés de la demander, sous peine d'être rappelés à l'ordre par le président. C'est le président qui, comme chez nous, a la police de l'assemblée. Mais il est rare qu'il se trouve dans la nécessité d'appliquer le règlement : d'ordinaire tout se passe avec un calme et une décence qui feraient honneur à nos députés.

Les résolutions, dans les affaires importantes, doivent toujours être prises à l'unanimité des voix.

Ce mode de votation n'est pas sans inconvé-

nients ; car il donne lieu à des discussions inter-
minables qui ne hâtent pas la solution des questions.

Lorsque les questions à l'ordre du jour sont
épuisées, on récite de nouveau le fatah et le président lève la séance.

Aucun membre ne peut avant ce signal quitter
la salle des séances sans encourir une amende.

Pas plus que celles de nos conseils municipaux,
les séances de la Djemâa ne sont publiques. J'entends que les étrangers, les femmes et les enfants
n'y assistent pas.

Aucun procès-verbal des séances n'est dressé :
l'usage des registres, même non cotés et paraphés,
est inconnu.

Cependant les décisions graves sont quelquefois
constatées par écrit sur des feuilles volantes.

Ces sortes d'actes, rédigés d'une façon som-
maire, se bornent à mentionner l'objet de la décision et les noms des membres présents.

C'est le marabout du village qui, dans ces occa-
sions, remplit les fonctions de khodja.

La Djemâa étant souveraine ne peut être ni
suspendue ni dissoute, à l'exemple de notre conseil municipal.

ATTRIBUTIONS DE LA DJEMAA.

La Djemâa exerce ses attributions par des dé-

cisions souveraines, définitives, exécutoires par
elle, sans l'approbation d'aucune autorité supérieure, étant l'autorité suprême.

Elle statue souverainement sur toutes les matières intéressant le village. Dans ces limites, son
pouvoir n'est pas restreint.

Elle fait des règlements nouveaux, abroge ou
modifie les anciens, décide de la paix ou de la
guerre, vote les impôts, en fixe la quotité, le
mode de répartition et l'emploi, administre directement ou par délégation les biens de la commune.

Rien n'échappe ni à son examen ni à son con-
trôle.

Elle a aussi l'exercice du pouvoir judiciaire.
Tribunal criminel, correctionnel et de simple
police, elle connaît tout à la fois des crimes, des
délits et contraventions, prononce le bannissement
ou la confiscation des biens dans les cas graves, et
punit d'amende les moindres infractions aux règlements de voirie municipale.

Appelée à s'occuper comme juge des affaires
civiles, elle siège elle-même ou délègue ses pouvoirs à des arbitres.

IMPOTS.

La Djemâa, avons-nous dit, est souveraine en
matière d'impôts : elle en règle la quotité, le mode

de répartition et l'emploi ; toutes les réclamations lui sont soumises, elle seule a qualité pour les examiner et y faire droit.

Il y a deux sortes d'impôts : les impôts ordinaires et les impôts éventuels ou extraordinaires.

Les impôts ordinaires sont : l'achour ou dîme et le fetera, impôts d'un caractère religieux, prélevés en nature, le premier sur toutes les récoltes, le second sur quelques-unes seulement.

L'achour n'est dû que par les propriétaires fonciers, proportionnellement, selon leur fortune territoriale.

Le fetera, dont le tiers ou la moitié revient aux pauvres et le reste à la Djemâa, est dû par tout le monde indistinctement, riches ou pauvres, grands ou petits, hommes ou femmes, à raison d'un sâa par tête.

Voilà pour les impôts ordinaires, régulièrement perçus tous les ans ; mais il y a aussi les impôts éventuels qui ne se lèvent qu'au moment du besoin, en cas de guerre, par exemple, ou dans toute autre circonstance extraordinaire. Ces derniers sont acquittés soit en argent soit en denrées, suivant leur destination, et ils sont perçus, non par l'amin en personne comme les premiers, mais dans chaque kharouba par les dahmans, qui en versent le montant entre ses mains.

Ces divers impôts sont employés, suivant des

usages consacrés, à défrayer les écoles, à secourir
les pauvres, à nourrir les voyageurs, à entretenir
le culte, à donner l'hospitalité, à pensionner les
chanteurs et les poètes, à acheter de la poudre et
des armes pour les malheureux du village appelés
à marcher le jour du combat.

Outre ces deux sortes d'impôts, il y a les prestations en nature établies par l'ada pour certains
travaux d'utilité publique, comme construction ou
réparation des chemins, mosquées, fontaines,
djemâa, corps de garde, et même pour certains
travaux d'utilité privée, comme culture des champs
et des jardins des marabouts.

Voilà les seuls travaux pour lesquels le Khroumir doit la corvée ; l'Arabe la doit pour les biens
du beylik : cette corvée-là, le Khroumir ne la
connaît pas et il ne faudrait pas essayer de la lui
imposer ! il prendrait les armes, tout comme
lorsqu'on lui réclame l'impôt. L'impôt communal,
celui qu'il doit à sa Djemâa, il le paye volontiers ;
mais l'impôt musulman, celui qu'il doit au bey,
c'est toute une affaire pour le lui faire payer : il
faut lui mettre le couteau sur la gorge. Pour
preuve, le résumé suivant d'un rapport du général
Campenon (alors lieutenant-colonel) sur une expédition contre les Khroumirs faite par les troupes
du bey en 1863 :

Chaque année, l'héritier présomptif du bey

régnant parcourt le territoire de la Régence avec
une colonne destinée à assurer la rentrée de l'impôt. Vers la fin de l'été de 1863, après une longue
course dans le Djerid, le bey du camp avait reçu
l'ordre de se rendre à Beja pour faire payer aux
Khroumirs le nouvel impôt de 36 piastres par tête.

Il quitta Beja, au commencement de septembre,
avec une colonne de deux mille à trois mille cavaliers irréguliers, un bataillon d'infanterie de six
cents hommes et une section d'artillerie de montagne et vint placer son camp chez les Chiahia,
tribu voisine des Khroumirs. Cédant aux conseils
d'un ancien caïd du Kef, qui nourrissait de vieilles
rancunes contre les montagnards, et subissant
surtout l'influence d'un entourage avide, le bey
débuta par demander des sommes exagérées, bien
supérieures à celles de l'impôt fixé. Les Khroumirs, sans refuser positivement de payer, entrèrent
en pourparlers avec le bey du camp, traînèrent les
choses en longueur en alléguant que les sommes
demandées étaient trop fortes et qu'il leur fallait
du temps pour les répartir entre les diverses fractions.

Ils profitèrent de ce délai pour envoyer leurs
femmes, leurs enfants et leurs bestiaux sur le
Djebel-Melah et pour emmagasiner leurs approvisionnements au pied du marabout de Sidi-Abdallah,
en grande vénération dans le pays et qui, situé

sur le versant nord de la montagne sainte, était
protégé par elle contre toute agression venant du
sud. Le bey du camp n'eut plus alors en face de
lui que les contingents armés, qui se promettaient
d'avoir facilement raison de la cavalerie du bey,
dans le cas où elle voudrait franchir la chaîne de
montagne qui la séparait de la vallée de l'oued
Kebir et du Djebel-Melah.

Pendant tout le mois de septembre et une partie
du mois d'octobre, les choses restèrent dans le
statu quo. Les Khroumirs ne parlaient plus de
payer et recevaient à coups de fusil les cavaliers
tunisiens, qui avaient à sortir du camp pour se
procurer un peu de fourrage. Le bey appela à lui
de nouveaux renforts et groupa ainsi dans son
camp de huit mille à dix mille cavaliers provenant
des points les plus éloignés de la Régence. Mais
dans une région qui ne produit pas de fourrage et
qui n'est accessible qu'à des fantassins, il ne faisait
qu'augmenter les dépenses sans se trouver dans
de meilleures conditions pour agir.

Dans ces circonstances, le bey de Tunis se décida
à prendre l'avis du colonel Campenon, qui lui fit
comprendre qu'il n'y avait pas à espérer de réduire
ces tribus belliqueuses en les attaquant de front
sur un seul point, avec des éléments mauvais,
mais qu'il fallait, au contraire, menacer de tous
côtés le pâté montueux des Khroumirs. Suivant

ces conseils, le bey réunit ce qui lui restait d'infanterie à Tunis et la transporta à Bordj-Djedid. Le
camp qui fut établi en ce point eut à la fois pour
effet d'empêcher les Khroumirs de venir s'appro-
visionner de poudre auprès des corailleurs et des
contrebandiers de la côte, et de menacer directement le marabout de Sidi-Abdallah, où se trouvaient réunis, en partie, leurs approvisionnements.
Le gouvernement français soutint moralement le
gouvernement tunisien, en faisant une démonstration sur la frontière avec une petite colonne, pour
bien faire comprendre aux montagnards qu'ils
seraient vigoureusement repoussés s'ils tentaient
d'entrer sur le territoire français. Cette petite
colonne fut réunie à la Calle.

Le général Reschid-Pacha débarqua dans les
premiers jours de novembre à Bordj-Djedid, où il
installa dans un camp mille deux cents hommes
d'infanterie régulière, une section de montagne et
environ deux cents spahis. Les contingents des
tribus kabyles voisines des Mogod et des Amdouns,
ennemis des Khroumirs, vinrent se joindre à lui au
nombre de huit cents environ ; à Bordj-Djedid,
on emmagasina pour deux mois de vivres, et les
troupes établirent leur camp sur un des premiers
mamelons qui bordent la rive gauche de l'oued
Kebir.

Reschid-Pacha ne se dissimulait pas la médio-

crité des éléments dont il disposait, et, bien qu'il
ne fût qu'à huit ou neuf lieues du camp du bey, il
comprenait combien il lui serait difficile de franchir la chaîne qui l'en séparait ; il savait du reste
que le bey, avec sa cavalerie irrégulière, était
incapable de faire un mouvement en avant. Il
feignit alors de vouloir créer un établissement
permanent, en installant un marché sur l'une
des faces du camp et en faisant savoir aux Kabyles
qu'ils pourraient venir vendre en toute sécurité.
Il espérait ainsi peser sur les tribus du versant de
Bordj-Djedid, et entre autres sur la grande fraction des O. Ben-Saïd, dont la soumission devait
entraîner celle des autres.

En effet, les Khroumirs, surpris d'abord de
cette attitude, se rendirent ensuite peu à peu au
marché tunisien ; les Djemâas ne tardèrent pas à
venir elles-mêmes, et, dans la crainte de voir cet
établissement devenir effectivement permanent,
elles demandèrent à entrer en relations avec le
général. En présence de la fermeté avec laquelle
ce dernier leur déclara qu'ils n'avaient pas à
espérer de labourer leurs terres tant qu'ils persis-
teraient dans leur opposition, un certain nombre
d'entre eux se décidèrent à venir payer l'impôt
au camp de Bordj-Djedid ; c'étaient les O. Ben-
Saïd, les O. Amor, les O. Cedra, les Houamdia.

Cependant, les fractions situées du côté du camp

du bey persistaient dans leur hostilité ; mais il
était évident qu'elles ne tarderaient pas à suivre
l'exemple des O. Ben-Saïd, fraction la plus importante des Khroumirs. De plus, les O. Ben-Saïd
ayant cédé ne pouvaient plus, dans leur orgueil,
supporter l'insoumission des autres et étaient
ainsi disposés à se tourner contre eux. Mais, pour
en arriver là, et comme on voulait terminer les
opérations avant l'hiver, il y avait à tenir la pro-
messe qui leur avait été faite et à renoncer aux
400 piastres que le bey s'obstinait à exiger des
Khroumirs.

Il fut décidé alors et on leur fit savoir qu'ils
n'auraient à payer que l'impôt de 36 piastres par
tête d'homme, mais à la condition d'une soumission absolue et instantanée. On ne leur laissa pas
ignorer d'ailleurs que le territoire difficile des
O. Ben-Saïd, auxquels venaient de se joindre déjà
les Atatfa, était devenu un territoire ami ; enfin,
pour donner plus de poids encore à ces déclarations, Reschid-Pacha transporta ses troupes à une
lieue et demie environ dans l'intérieur, pendant
que le bey du camp faisait lui-même un petit
mouvement en avant. Cette double démonstration
amena le résultat désiré, et, le 28 novembre,
toutes les fractions des Khroumirs avaient fait leur
soumission.

Il convient d'ajouter, en terminant, qu'un ré-

sùltat aussi complet n'aurait pu être obtenu sans
la coopération du gouvernement français.

II

AMIN.

L'amin est nommé par le suffrage universel.
Voici comment les choses se passent d'habitude :

Quand, par suite de démission, de révocation ou
de décès, la place se trouve vacante, les notables
du village se réunissent en comité secret pour
s'entendre sur le choix à faire. Une fois le choix
arrêté, la Djemâa est convoquée en séance solen-
nelle. On présente alors le candidat, on fait son
éloge et on demande à l'assemblée de l'agréer pour
amin. Si l'assemblée répond par des acclamations
unanimes, le candidat est élu.

Le marabout récite alors le fatah sur le *nouveau
maire* et celui-ci, après avoir adressé un discours
de remerciement à ses collègues, va s'asseoir au
siège présidentiel.

Comme don de joyeux avènement, le jour même
de son installation, il fait une distribution de viande
et régale tout le village, à ses frais, s'il est riche ;
sinon, aux frais du Trésor.

L'amin est nommé pour un temps illimité : l'ada

ne fixe pas.la.durée de son mandat; tout dépend
de son administration. Si on est content de lui, on
le garde indéfiniment. On a vu des amins rester en
fonctions pendant dix ans et même plus.

Pour être amin, il faut avoir son domicile dans
le village et y exercer ses droits et ses devoirs de
citoyen.

Il faut, en outre, remplir d'autres conditions qui
ne sont écrites ou stipulées nulle part, mais qui
n'en sont pas moins exigées : conditions d'âge,
d'influence, de fortune, etc.

Ainsi donc, si, en principe, tout citoyen peut
être amin, en réalité il n'arrive jamais qu'un fellah,
par exemple, soit appelé à ces hautes fonctions :
elles sont toujours réservées aux gros bonnets du
village. Quoique foncièrement démocrates, les
Khroumirs eux-mêmes n'échappent pas à la force
des préjugés.

Il est vrai de dire que les fonctions d'amin
comme celles de maire sont essentiellement gratuites, qu'elles demandent beaucoup de temps,
qu'elles obligent à d'assez fortes dépenses person-
nelles et que, par conséquent, elles ne peuvent con-
venir à tout le monde.

Quel que soit le chiffre de la population, il n'y a
et il ne peut y avoir dans chaque village qu'un
amin; mais il y a autant de dahmans que de kharoubas.

6

Lorsque l'amin est absent ou empêché, il délègue ses pouvoirs à l'un des dahmans, à son choix, après en avoir donné avis à la Djemâa.

Il est rare qu'un amin soit révoqué. Il faut pour cela qu'il ait entièrement perdu la confiance de ses collègues, et qu'invité par eux à donner sa démission, il ne la donne pas.

Attributions.

Nous avons déjà vu l'amin ouvrir et présider les séances de la Djemâa; c'est une de ses attributions les plus considérables.

En outre, il remplit des fonctions civiles, judiciaires et municipales. Mais dans aucun cas il n'a de pouvoir propre, indépendant de la Djemâa. C'est un simple délégué à qui il est défendu, sous peine de révocation, de prendre une décision quelconque sur une affaire tant soit peu importante, avant d'en avoir référé à la Djemâa, seule souveraine.

Dans l'ordre civil, l'amin est loin d'avoir l'autorité d'un maire, ceint de son écharpe et entouré de tout le prestige qui s'attache à la qualité d'officier de l'État civil : l'usage des registres étant inconnu, il n'a ni naissances, ni mariages, ni décès à enregistrer, mais seulement à percevoir les droits établis à cette occasion au profit de la dechra.

Dans l'ordre judiciaire, l'amin est officier de

police judiciaire et, comme tel, chargé de recher-
cher les crimes, les délits et les contraventions, de
faire comparaître les témoins et de rassembler les
preuves, puis de soumettre le résultat de son instruction à la Djemâa. Devant cette assemblée il fait
fonction de ministère public.

Comme officier de police municipale, l'amin est
chargé de veiller au maintien de l'ordre et de la
tranquillité publique, de pourvoir à la sûreté et à
la commodité des voies *communales* et de rappeler
les citoyens à l'exécution des règlements qui y sont
relatifs.

Comme administrateur des biens de la dechra,
il veille à leur conservation, à leur entretien, à
leur mise en valeur; il s'assure que les fermiers
remplissent leurs engagements, il prépare les contrats de vente, d'achat ou de location des immeubles et fait des propositions pour l'emploi des
fonds disponibles.

L'amin est aussi, quand il le faut, architecte,
agent voyer et directeur des travaux communaux.
Je ne lui suppose pas une grande compétence en
ces matières; mais enfin, lorsque des travaux de
construction ou de réparation sont nécessaires
pour les bâtiments publics, les rues et les chemins,
c'est lui qui fait les études préliminaires, évalue
la dépense et présente le rapport à la Djemâa. Si
le projet est approuvé, c'est encore lui qui avise

aux moyens d'exécution, qui passe les marchés avec des ouvriers ou commande des hommes de corvée, en observant le tour établi pour les prestations en nature.

Comme percepteur, caissier et payeur, l'amin a entre les mains toute la gestion financière du village, excepté celle des revenus de la mosquée.

Il perçoit les amendes infligées par la Djemâa ou par lui-même, fait rentrer les impôts et les cotisations en argent ou en nature, veille à l'acquittement des droits établis à l'occasion des naissances, circoncisions, majorités, mariages et enterrements, accepte les dons et legs faits au village et les successions dévolues à la Djemâa.

Tous les recouvrements s'opèrent à sa diligence.

Mais de même qu'il est chargé de recevoir, de même il est chargé de payer, après vérification des comptes.

En un mot, c'est l'amin qui dresse le budget et le soumet à la Djemâa pour être définitivement réglé par elle.

BUDGET KHROUMIR.

Le budget khroumir se divise comme le nôtre en budget ordinaire et en budget extraordinaire.

Et là-bas comme ici, chacun de ces budgets

comprend deux éléments : les recettes et les dépenses.

Budget ordinaire.

Les recettes du budget ordinaire proviennent :

1° Du produit des amendes;

2° Des droits payés par les étrangers voulant habiter la dechra ou par les habitants voulant, au contraire, la quitter;

3° Des droits dus à l'occasion des naissances, circoncisions, majorités, mariages et décès;

4° Du revenu des biens communaux (terres, jardins ou maisons);

5° Du revenu des biens de la mosquée;

6° Du produit de l'achour;

7° De la partie du fetera laissée au village;

8° Du prix de location des moulins à blé.

Les dépenses du budget ordinaire comprennent :

1° Les distributions de viande;

2° L'entretien, l'embellissement ou l'agrandissement de la mosquée;

3° Les acquisitions de terrain;

4° Les travaux neufs ou d'entretien pour les fontaines, la djemâa, les marchés, les cimetières et les chemins;

5° Les frais d'hospitalité et d'assistance publique, le salaire des marabouts, les subsides aux pèlerins, les aumônes aux pauvres du village et aux men-

diants (la mendicité n'est pas défendue en Khroumirie), les pensions aux poètes, chanteurs, tolbas, etc.;

6° Toutes autres dépenses ordinaires d'utilité
communale.

Budget extraordinaire.

Les recettes du budget extrordinaire se compo-
sent :

1° Des impôts éventuels, soit en argent, soit en
nature, votés par la Djemâa au moment du besoin
et obligatoires pour tous;

2° Des cotisations volontaires;

3° Des dons et legs;

4° De toutes autres recettes accidentelles.

Les dépenses du budget extraordinaire comprennent toutes celles qui sont imputées sur les
recettes dont il vient d'être parlé.

Certains revenus ont une destination fixe, réglée
d'avance par l'usage, et doivent être rigoureuse-
ment appliqués à certaines dépenses. Ainsi, le produit des amendes pour meurtre, vol, attentat aux
mœurs et violation de l'anaïa, les dons et legs, les
droits pour naissances, circoncisions, etc., sont
employés en distributions de viande.

Les revenus des biens de la mosquée sont avant
tout affectés à l'entretien de l'édifice.

Le produit de l'achour est consacré aux dépenses ordinaires comprises dans le numéro 5.

Il ne suit pas de là, cependant, que les recettes ordinaires ou extraordinaires correspondent toujours les premières aux dépenses ordinaires, et les secondes aux dépenses extraordinaires; qu'il y ait relation absolue entre telle nature de recettes et telle nature de dépenses. Nous venons de voir le contraire pour les legs.

Les recettes sont effectuées sans rôles ou états de produits, les dépenses payées sans plus de formalités; mais l'amin est tenu de présenter ses comptes à la Djemâa qui les entend, les débat et les approuve, s'il y a lieu.

Ainsi donc, l'amin représente à lui tout seul dans la société khroumire ce que le maire, le juge de paix, le receveur des contributions représentent dans la nôtre. Ce n'est pas tout. Lors des prises d'armes, c'est lui qui indique l'heure des rassemblements, distribue les munitions et marche le premier au combat en tête de ses concitoyens. Des attributions aussi nombreuses font de ce poste quelque chose de considérable et d'élevé, et l'on serait tenté de croire que tout le monde le recherche. Cependant il est peu envié, à cause des dépenses et des pertes de temps qu'il occasionne et surtout à cause des haines qu'il provoque.

Comme nous venons de l'indiquer, les distributions de viande, l'hospitalité et l'assistance
publique constituent les principales charges du
budget khroumir.

PARTAGE DE LA VIANDE.

Les Khroumirs sont pauvres, même les plus
riches d'entre eux, et d'un bout de l'année à l'autre
leur nourriture est à peu près la même : un peu de
pain, quelques figues sèches et du mauvais couscous à la farine d'orge ou de glands doux. Ce serait
à n'y pas tenir si, de temps en temps, l'amin, pour
atténuer les mauvais effets de ce régime alimentaire, ne faisait quelque distribution de viande.
Une bonne partie des revenus de la dechra est
affectée à cet usage : le produit des amendes
infligées pour meurtre, vol, attentat aux mœurs et
violation de l'anaïa ; le prix de location des moulins à farine, les dons et legs, et, après solde
complet des dépenses, l'excédent des revenus
communaux.

C'est l'amin qui est chargé d'acheter les ani
maux, bœufs, moutons ou chèvres dont la viande
doit régaler le village.

C'est encore à l'amin, assisté des dahmans,
qu'incombe le soin de présider aux diverses opérations du partage.

Le partage a lieu sur le pied de la plus parfaite égalité : l'enfant qui vient de naître a sa part comme le vieillard.

Ces sortes de fêtes sont assez fréquentes. Il suffit qu'un riche soit condamné à une forte amende pour que les autorités y trouvent l'occasion d'une largesse publique.

Mais c'est surtout à la clôture du ramadan, après les trente jours de jeûne obligatoire, que ce repas prend les proportions d'une immense ripaille. On y consacre tout l'argent qui provient des droits payés à l'occasion des naissances, circoncisions, majorités, mariages et décès.

HOSPITALITÉ.

Dans un pays où il n'y a ni auberges ni hôtels, que deviendrait l'étranger sans l'hospitalité?

L'hospitalité khroumire est franche et cordiale; si elle n'est pas somptueuse, ce n'est pas la faute de ces pauvres gens. Ils ne peuvent donner que ce qu'ils ont; mais ils le donnent de bon cœur, du moment qu'on ne se présente pas à eux sous la forme de collectionneur ou de géomètre.

C'est l'amin qui est le chef des hôtes; il tient table ouverte pour tous ceux qui se présentent, mais il s'en faut qu'il traite tout le monde sur le même pied. Aux marabouts vénérés, aux chefs de çofs, il offre de la viande de bouc ou de mouton et du couscous au beurre et au miel ; aux hôtes de moindre distinction, de la viande séchée au soleil avec du couscous à l'huile ; aux hôtes de rang inférieur, du couscous à l'huile sans viande. Enfin, il y a une dernière catégorie : les hôtes au pain.

Quoique les frais d'hospitalité et de viande soient à la charge du Trésor, l'amin est souvent obligé d'y mettre du sien.

ASSISTANCE PUBLIQUE ET MUTUELLE.

Une autre dépense du budget khroumir, c'est l'assistance publique.

Le village a pour ses pauvres une sollicitude constante : les cotisations volontaires, une partie de l'achour et du fetera sont consacrées à leur soulagement.

Les biens communaux et ceux de la mosquée sont affermés à bas prix à des familles malheureuses, mais qui peuvent cependant travailler.

Et lorsque toutes ces ressources sont insuffisantes, on a recours à un impôt obligatoire.

Malgré cela, bien des misères resteraient sans soulagement, si l'assistance publique n'était admirablement secondée dans son œuvre par les çofs et la charité privée. Les çofs sont de véritables associations de secours mutuels. Quant à la charité

privée, elle est très active ; elle s'exerce librement,
mais sans bruit, sans ostentation, avec une sorte
de discrétion, comme un devoir naturel et sacré
auquel personne n'oserait se soustraire.

Et cette solidarité humaine ne s'arrête pas aux
individus, elle s'étend et s'applique aux choses :
les travaux de toute nature se font par assistance
mutuelle, surtout les travaux des champs, labour,
moisson, fenaison, cueillette des figues, des olives,
des glands. Dans ces moments-là on donne un
coup de main au voisin qui, à son tour, vous rend la
pareille.

III

DAHMANS.

L'amin serait incapable de suffire à une tâche
aussi lourde, s'il n'avait les dahmans pour adjoints
de son administration.

Le nombre des dahmans est égal à celui des kharoubas : chaque kharouba nomme le sien, sur
la présentation de l'amin.

L'action du dahman s'étend, comme celle de son
chef, à toute la dechra. Mais il est plus spéciale-
ment chargé de sa *section*.

Il y perçoit les impôts et les amendes pour le

compte de l'amin, y fait la police et y recherche les crimes, les délits et les contraventions, sans pouvoir, toutefois, les réprimer directement.

Comme représentant proprement dit de la kharouba, il veille à ses intérêts, défend ses droits et, s'il y a lieu, plaide sa cause devant la Djemâa.

En cas d'absence ou d'empêchement, le dahman est remplacé par un membre de la kharouba.

En cas de décès, de démission ou de révocation, la kharouba lui donne un successeur.

Les fonctions de dahman sont gratuites comme celles d'amin ; mais elles ne donnent pas lieu à autant de dépenses.

Certaines prérogatives individuelles sont attachées à la qualité de dahman :

1° Il est appelé à remplacer l'amin absent ou empêché ;

2° Il a le droit de prendre part à tous les repas officiels offerts aux hôtes de distinction ;

3° Il est exempt de tout travail corporel dans les corvées d'intérêt public.

IV

OUKIL DE LA MOSQUÉE.

Chaque village a sa mosquée reconnaissable à sa construction plus soignée, à ses murs plus

blancs, à son minaret svelte et léger, d'où le muezzin appelle les fidèles à la prière, annonce les
heures et le coucher du soleil.

Ces mosquées possèdent une certaine quantité
d'immeubles provenant de donations pieuses ou
de successions en déshérence, abandonnées en leur
faveur par les villages.

Un agent est chargé non pas d'administrer les
biens de la mosquée, qui sont directement admi-
nistrés par la Djemâa, mais, sous la surveillance
immédiate de cette assemblée, d'en toucher les
revenus, de les conserver en dépôt ou d'en faire
l'emploi. Cet agent porte le nom d'*oukil* ; ce n'est
qu'un simple comptable. Ses fonctions, comme
celles d'amin et de dahman, sont honorifiques.

Un khodja ou secrétaire chargé, rarement, il
est vrai, de tenir les écritures et de constater par
écrit sur des feuilles volantes les décisions les plus
importantes de la Djemâa, et un crieur public mis
à la disposition de l'amin pour faire connaître les
jours de réunion, les mesures de police et tout ce
qui intéresse les habitants : tels sont les agents qui
complètent la liste des fonctionnaires khroumirs.

CHAPITRE II

DE LA TRIBU OU ARCH.

Voilà donc le village avec son organisation complète : il constitue à lui seul un véritable État indépendant.

Mais sentant quelle serait sa faiblesse le jour où un puissant ennemi du dehors l'attaquerait, il a dû chercher des alliés dans ses voisins : de là l'arch ou l'alliance d'un certain nombre de villages.

Tous les villages de la tribu sont solidaires dans l'attaque comme dans la défense.

Chacun d'eux contribue, proportionnellement à sa population, aux charges et aux dépenses générales de la tribu.

La tribu forme à son tour un État distinct et indépendant. Pas plus que la dechra, elle ne reconnaît à personne le droit de s'ingérer dans ses affaires.

Elle a sa Djemâa, sorte de Conseil fédéral, composé des amins de tous les villages.

DU MARÇHÉ OU SOUK'.

Le marché est aussi nécessaire au Khroumir que l'air qu'il respire : c'est là qu'il va faire ses provisions, vendre et acheter, s'informer du cours des denrées et du bétail; c'est là, aux bords de la fontaine ou du ruisseau et à l'ombre de grands arbres, qu'il va causer politique, discuter les affaires générales du pays, les intérêts du çof et de la tribu; c'est là qu'il trame tous ses complots, qu'il ourdit toutes ses intrigues; c'est là, en temps de guerre, qu'il entend les appels aux armes; en un mot, là qu'il recueille les nouvelles, dont il est si avide, pour aller ensuite les colporter et commenter dans sa Djemâa.

Le marché khroumir est libre de tous droits, impôts, taxes, et de plus inviolable. Chez les Arabes, un homme qui a commis un délit ou un crime peut être arrêté en plein marché; chez les Khroumirs, non : le chef du souk' ne le permettrait jamais.

Les gens de la tribu ne sont pas les seuls à fréquenter leur marché; il est ouvert à tout le monde, même à l'étranger. Il n'y a pas jusqu'au juif qui n'y ait son entrée et ne le visite. Mais

souvent cette faveur lui coûte cher : car il est rare
qu'il en revienne sans être guetté par quelque
Khroumir qui, au coin du bois, lui saute dessus, le
rosse, le met à nu ou tout au moins le dévalise.
Mais que ne supporterait un juif pour gagner de
l'argent? Quelques jours après, il se hasarde de
nouveau dans la montagne, alléché par le bénéfice
énorme qu'il tirera de sa marchandise.

CHEF DE TRIBU KHROUMIRE, EN TEMPS DE PAIX.

CHAPITRE III

Le même instinct de conservation qui pousse les villages les plus voisins à s'associer pour former des tribus pousse les tribus les plus voisines à se réunir en kebila ou confédération.

La tribu tient dans la confédération la même place que le village dans la tribu.

La kebila est le dernier terme de la série fédérative dont la dechra est le premier; elle a aussi son conseil des notables et son amin. Mais il est à remarquer que plus le cercle de fédération s'élargit, plus les liens de solidarité se relâchent : il n'est qu'un cas où ces liens se resserrent fortement, le cas de guerre. Alors l'union des villages

et des tribus est des plus étroites : la kebila ne
forme qu'un seul et même corps, en face de l'ennemi.

ARMÉE KROUMIRE.

Les Khroumirs peuvent mettre en ligne, sans le
secours de leurs voisins, huit mille fusils environ.
Étant donnée la nature accidentée de leur pays, ils
n'ont ni cavalerie ni artillerie, mais seulement de
l'infanterie.

Organisation militaire.

Chose curieuse ! leur recrutement se rapproche
beaucoup du nôtre.

Lorsqu'un garçon a accompli son premier ramadan, c'est-à-dire ses quinze ou seize ans, il se
présente à la Djemâa qui le déclare majeur.

Dès ce moment, il compte parmi les défenseurs.
On lit sur lui le fatah, et sa famille lui achète un
fusil.

Le service militaire est obligatoire pour tous les
Khroumirs sans exception ; on ne connaît chez eux
ni dispenses ni exemptions. Les marabouts eux-
mêmes, en cas de guerre sainte, sont obligés de
prendre les armes.

La durée du service est indéterminée. Le Khroumir est soldat jusqu'à l'âge de soixante ans au
moins. Autant dire toute sa vie.

Armement et équipement.

Chaque combattant doit se pourvoir à ses frais d'un fusil (meukhala), d'une hache (ichba), d'un petit sabre droit ou grand couteau (flissa), d'une giberne et d'un nombre déterminé de cartouches.

Le village arme les indigents.

L'habillement occasionne peu de frais : une corde en poil de chèvre autour de la tête, la gandoura serrée autour du corps au moyen d'une ceinture, souvent pas de burnous pour être plus libre dans ses mouvements, pieds, bras et jambes nus, voilà le Khroumir en campagne.

Moyens de guerre.

Dès que la guerre est imminente, les Djemâas procèdent aux achats d'armes, de munitions et de vivres.

Les querelles intestines sont ajournées.

Les vieilles femmes, les enfants et les bestiaux sont envoyés en lieu sûr, dans les endroits les plus inaccessibles de la montagne.

Tous les bras sont mis en réquisition pour les travaux de la défense.

Chaque village est entouré d'une haie qui le met à l'abri des surprises.

Les corps de garde, crénelés, sont réparés et consolidés.

La mosquée, crénelée et barricadée, est également réparée pour servir de refuge aux combattants, dans le cas où les abords du village seraient enlevés par l'ennemi.

Enfin, on élève des retranchements en pierres sèches dans toutes les positions dont l'expérience a démontré l'importance stratégique.

Manière de faire la guerre.

Des corps de volontaires se forment pour éclairer les avant-postes. Ces sortes de corps francs jurent sur les livres saints de ne jamais reculer, et, lorsqu'ils partent, les marabouts récitent sur eux les prières des morts.

Le Khroumir ne se bat pas à découvert; il s'embusque et fait le coup de feu. Ravins, broussailles, arbres, rochers, accidents de terrain, tout lui est bon : aux combats en bataille rangée, il préfère ceux de tirailleurs, dans lesquels il excelle.

Les jeunes femmes prennent part quelquefois à la lutte : plusieurs ont été vues, le 11 mars 1881, dans l'incursion faite sur le territoire des Ouled-Nehed, et elles n'étaient, paraît-il, ni les moins acharnées, ni les moins courageuses. Le plus souvent elles se contentent de suivre de près les

KHROUMIRS FAISANT LE COUP DE FEU.

hommes de la tribu, et, par leurs chants de guerre, d'exciter jusqu'au délire leur ardeur au combat.

Commandement général.

La direction générale de la guerre est confiée à un Comité de salut public ou de défense nationale, composé des « têtes » de çofs, des amins, des dahmans et de tous les hommes qui ont un renom militaire.

Ce Comité désigne les chefs, fait les plans de campagne et dirige les opérations.

État-major.

C'est l'amin de la Confédération, ayant sous ses ordres les amins de tribus et de villages, qui remplit tout à la fois les fonctions de chef d'état-major général et d'intendant en chef.

Comme chef d'état-major général, il seconde les généraux dans la conduite des opérations militaires, leur fait connaître l'effectif des hommes valides, transmet leurs ordres et dirige les détachements commandés vers les postes qui leur ont été assignés; il passe la revue des armes et des munitions, fait remplacer les fusils défectueux et compléter le nombre de cartouches.

Intendance.

Comme intendant en chef, il est chargé de

l'approvisionnement général en vivres et munitions.

Ambulances.

Les Khroumirs ne laissent jamais leurs morts
ni leurs blessés sur le champ de bataille ; ils les
emportent sur des civières. Les morts, ils les
enterrent après avoir longtemps prié sur eux ; les
blessés, c'est la famille qui les soigne.

Le service des ambulances est bien organisé.
On n'y emploie que les vieillards et les hommes
les moins valides.

On accuse les Khroumirs d'infliger aux cadavres
de leurs ennemis les plus abominables profana-
tions. Le fait est que, dans la dernière guerre, ils
ont affreusement mutilé ceux de nos soldats qui
sont tombés entre leurs mains.

Dans la journée du 9 et la matinée du 10, à Bled
Mana, le temps s'était mis au beau, et, comme il
arrive au mois de mai en Afrique, quelques rayons
de soleil avaient suffi pour sécher suffisamment
les chemins.

Les prescriptions générales étaient de ne laisser
sortir personne du camp, sans un ordre en règle
et une bonne escorte ; mais, depuis la prise du
marabout de Sidi-Abdallah, on avait vu si peu de
Khroumirs qu'on les croyait à jamais évanouis, et la
surveillan ce se relâchait un peu.

Trois soldats du train, les nommés Gabert et Besset, avec le brigadier Fournil, avaient pu ainsi sortir du camp, pour aller faire du vert et pâturer les mulets de la sous-intendance. Ils s'étaient avancés jusqu'à un champ d'orge situé à deux kilomètres de nos avant-postes. Là, ils avaient commencé à fourrager après avoir débridé les bêtes.

L'endroit était des plus dangereux. Le champ confinait à un bois de chênes-lièges qui le bordait de deux côtés. Les arbres, épais, touffus, ne permettaient pas de voir ce qui pouvait se passer à quelques pas. Probablement même nos soldats ne songèrent pas au danger.

Quoi qu'il en soit, ces malheureux furent surpris par les Khroumirs. Ne les voyant pas venir, on alla à leur recherche et on découvrit les cadavres de Gabert et du brigadier. Le soldat Besset avait disparu. A côté des deux corps était un des mulets tué par une balle.

Gabert et Fournil avaient été horriblement martyrisés. Le premier avait eu les yeux arrachés par la pointe d'un sabre, le bras traversé par un épieu, le dos brûlé comme si on avait tenu le corps au-dessus d'un brasier. Le brigadier avait la tête presque séparée du tronc, les mains et les pieds hachés.

Les deux autres mulets furent retrouvés vivants. On retrouva aussi dans le champ d'orge un des

fusils. Et ce qui montre la confiance de ces braves
gens, c'est qu'ils avaient enveloppé la culasse de
linges pour la préserver contre la pluie. Il eût
fallu pas mal de temps pour la débarrasser de ces
chiffons et mettre le fusil en état de servir.

L'événement était presque inévitable. Les Khroumirs avaient dû s'avancer jusqu'à la lisière du
bois sans que rien décelât leur présence. Nos
soldats durent être fusillés à bout portant. Les
Khroumirs s'étaient ensuite jetés sur eux, la
maiaja à la main.

Le brigadier Fournil et le soldat Gabert furent
enterrés à la limite du camp de Bled Mana, au
pied d'un chêne-liège.

Quant à Besset, il repose, lui aussi, en pays
khroumir, non loin de ses frères. Il fut découvert
le lendemain sous un buisson. Il avait également
la tête lardée de coups de sabre [1].

Ces actes de cruauté inouïe sont indignes de
l'humanité; mais on ne peut les attribuer qu'à la
haine de l'étranger : car la profanation d'un cadavre
est considérée par les Khroumirs comme un crime
dont ils ne se rendent jamais coupables dans leurs
luttes intestines.

1. Voir *les Français en Afrique, ou la Guerre en Tunisie.*

CHAPITRE IV

MARABOUTS.

Chez les Khroumirs comme partout ailleurs, à côté de l'autorité civile, précise et apparente, il y a l'autorité religieuse, indéterminée et occulte, par cela même plus puissante et plus redoutable.

L'influence de l'amin et des dahmans ne suffirait pas toujours à maintenir l'ordre et la paix publique. Mais le marabout est là.

Le mot *marabout* vient de l'arabe « marabath » qui signifie « lié ». Les marabouts sont des gens liés à Dieu.

On connaît bien l'origine du mot, mais on ne connaît pas celle de ces religieux. Les uns croient retrouver en eux les descendants des Maures

d'Espagne ; les autres leur attribuent une souche
exclusivement arabe. L'opinion la plus vraisem-
blable est qu'ils sont de races diverses et pour la
plupart originaires du pays.

En effet, il n'y a guère que deux moyens de

UN MARABOUT.

faire souche de marabouts. Le premier est d'obte-
nir le titre de taleb, qui vous pose dans le village
comme un homme supérieur. Si vos descendants
suivent la même voie, à la seconde ou troisième
génération ils sont marabouts.

Le second moyen est de se faire derviche, de se
couvrir de haillons, de simuler l'exaltation ou la

folie, de prophétiser. Si deux ou trois de vos pré-
dictions viennent à s'accomplir, votre prestige est
définitivement établi, vous êtes un saint inspiré,
visité par l'esprit de Dieu ; à votre mort, vos
enfants sont marabouts sans conteste et trans-
mettent le titre, de mâle en mâle, à leurs héritiers.

Voilà les deux moyens, je n'en connais pas un
troisième. Or, ils sont l'un comme l'autre à la
portée de tout le monde, ils n'imposent aucune
condition ni de race ni de fortune.

Il est donc naturel de supposer que, les marabouts formant, grâce au système d'hérédité une
caste privilégiée, Berbers, Arabes et Maures aient
cherché à s'y rattacher par leurs enfants.

Quoi qu'il en soit, le marabout est le prêtre
khroumir, chargé du service du culte.

Il préside à la prière et procède à toutes les
cérémonies religieuses soit dans l'intérieur de la
mosquée, soit à l'occasion des naissances, circoncisions, majorités, mariages et enterrements.

Ses émoluments sont maigres ; mais ses profits
casuels sont gros : il est logé, chauffé, éclairé ; on
lui apporte l'eau, le bois, l'huile, la nourriture et
toutes sortes de présents ; de plus, il est de toutes
les fêtes officielles. Tel est le respect dont il est
entouré qu'on lui baise les mains, qu'on lui
décerne le titre de Sidi et qu'on se met à genoux

sur son passage pour recevoir sa bénédiction. On
va même plus loin : on l'exempte, sauf le cas d'invasion étrangère, du service militaire, de l'achour,
de la corvée, des frais d'hospitalité et des contributions de guérre, tout autant de privilèges pourtant si contraires, étant donnée la passion du Khroumir pour l'égalité, aux instincts naturels de sa race.

Le plus souvent le marabout cumule ses fonctions de desservant avec celles de muezzin, de
khodja, de médecin, d'arbitre et d'instituteur.
Mais je me hâte d'ajouter à son honneur, et
l'exemple serait bon à suivre par beaucoup de nos
démocrates, que s'il cumule, ce ne sont pas les
traitements, mais seulement les emplois. Le marabout est l'homme de tous les métiers.

Comme médecin, il est appelé à soigner les
hommes et les bêtes, et il n'a pas deux méthodes.

Ses remèdes sont toujours les mêmes et d'une
extrême simplicité : ils consistent la plupart du
temps en un verre d'eau pure, dans lequel il fait
infuser une bande de papier, couverte de caractères mystérieux.

Quelquefois le malade guérit, alors c'est la foi
qui le sauve ! Dans tous les cas ce n'est jamais le
remède.

Un des plus beaux rôles du marabout, rôle
reconnu de tous, est le rôle sacré de la concilia-
tion.

Les différends sont nombreux, les guerres civiles fréquentes dans la montagne ; pieux et désintéressé au sein de ces luttes, le marabout est naturellement choisi pour arbitre et sa neutralité sert à mettre d'accord les partis hostiles.

Son action conciliatrice s'étend à tout.

A l'époque des élections, lorsque les membres de la Djemâa ne peuvent s'entendre sur le choix d'un amin, le marabout intervient, il propose au peuple le candidat qu'il juge le plus digne et lit ensuite la prière du fatah sur le nouvel élu.

Au marché, le marabout, entouré de plusieurs de ses confrères qui lui servent d'assesseurs, juge les contestations civiles et commerciales.

Deux tribus sont-elles en guerre, deux villages en discorde, deux familles en inimitié, c'est encore le marabout qui s'interpose. Ce rôle de conciliateur lui assure à la fois influence et profit.

A tous ces titres déjà si importants le marabout ajoute le prestige du savant et du lettré.

Et cependant son bagage d'érudition est des plus légers : quand il sait lire et écrire, c'est beau ! mais le proverbe dit, je crois, qu'au pays des aveugles les borgnes sont rois.

Quoi qu'il en soit, savant ou ignorant, lettré ou illettré, le marabout est l'instituteur du village.

Cela étant, il va de soi que l'enseignement n'est ni laïque ni obligatoire, mais il est gratuit.

8

La classe se fait dans la mosquée, qui est en même temps l'école du village.

Les enfants arrivent à l'appel du muezzin.

L'école primaire s'ouvre à tous les enfants indistinctement, khroumirs ou arabes.

On y enseigne d'abord la formule religieuse :

« La ila illa Allah, Mohammed rasoul Allah ! Il n'y a de Dieu que Dieu, Mahomet est son prophète ! »

Puis une douzaine de prières et quelques versets du Coran.

La plupart des Khroumirs n'en apprennent pas plus long : de bonne heure ils vont garder les troupeaux; devenus grands, ils accompagnent leurs pères dans leurs expéditions.

Seuls, quelques fils de marabouts savent lire et écrire, en sortant de l'école primaire.

Ceux-là vont généralement terminer leurs études dans certains établissements religieux d'une importance particulière, destinés tout ensemble à l'hospitalité et à l'instruction : ce sont les zaouïas.

La zaouïa peut former un vrai village ayant, comme les autres, sa Djemâa et son amin. Plus souvent, c'est un établisssement occupé par des marabouts, groupé autour d'une koubba ou tombeau voûté sous lequel repose le Saint fondateur et comprenant alors une maison hospitalière, une école ou mâmera, des habitations pour ceux qui viennent s'y instruire.

L'hospitalité y est gratuite et l'instruction à peu près. Les étudiants payent 15 ou 20 francs en entrant, et c'est tout. Avec ça ils sont logés, nourris et habillés pendant toute la durée de leur séjour à la zaouïa. Et ce séjour est plus ou moins long : pour les plus zélés, de cinq ans ; pour les autres, de dix ans ; et pour certains il ne finit jamais. Ce n'est pas seulement en France et au pays latin qu'on rencontre le vieil étudiant.

Les matières de l'enseignement dans la mâmera sont :

1° La lecture et l'écriture ;

2° Le Coran et ses commentaires ;

3° La grammaire arabe ;

4° La théologie ;

5° La jurisprudence ;

6° Les éléments du calcul, de la géométrie et de l'astronomie ;

7° La rédaction des actes ;

8° La versification.

L'enseignement se fait en arabe.

Les marabouts croiraient manquer à leur devoir et à leur dignité en employant une autre langue et une autre écriture que celles du livre saint. D'ailleurs, ils le voudraient qu'ils ne le pourraient pas : le berber a perdu ses signes graphiques

depuis longtemps et toutes les recherches faites
pour les retrouver ont été et seront sans doute
infructueuses. De tous les dialectes de cette langue
le tamachek est le seul qui ait conservé son alphabet et son système d'écriture spécial, dont les
caractères, grossiers et barbares, se rapprochent
beaucoup des anciennes inscriptions libyques.

Les Khroumirs ou Chaouias ont eu peut-être
jadis un instrument analogue, tout le fait supposer ;
mais l'introduction de l'islamisme parmi eux, en
rendant obligatoire la langue sacrée du Coran, a
exclu du programme d'études des écoles leur dialecte, dont l'écriture, d'abord abandonnée, a fini
par disparaître. Le khroumir cependant ou chaouia,
qui ne s'écrit plus depuis des siècles, se parle toujours [1].

L'enseignement musulman est des plus vicieux.
Ce n'est qu'un long exercice de mémoire où l'intelligence et le raisonnement ne sont pour rien.

Prenez un jeune homme à la sortie de la mâmera :
il vous récitera le Coran d'un bout à l'autre, sans
une faute et même avec la psalmodie ou l'intonation
voulue ; mais si vous lui demandez le sens des
paroles qu'il débite avec tant d'assurance, il restera
coi, ne sachant que répondre ; pendant tout le temps

1. Voir Hanoteau, *Essai de grammaire de la langue tamachek.*

passé à la mâmera il n'a appris que des mots tout comme un perroquet.

Et surtout ne l'interrogez pas sur le calcul, moins encore sur l'astronomie ou la géométrie : il n'en connaît pas les premiers éléments.

Quant aux connaissances qui ne figurent pas au programme d'études : littérature, histoire, géographie, etc., il va sans dire qu'il n'en a jamais entendu parler.

Les zaouïas ne ressemblent en rien à nos établissements universitaires ; elles se rapprocheraient plutôt de nos universités religieuses : ce sont des espèces de séminaires, de couvents d'étudiants, ou, si l'on aime mieux, de véritables républiques, nommant leurs chefs, se gouvernant librement sous la double autorité du « mok'adden », président nommé par l'assemblée générale des tolbas (étudiants), et du « cheik », professeur qui, le plus souvent, est le propriétaire de l'établissement, l'héritier du Saint fondateur.

Les zaouïas donnent l'hospitalité et l'instruction gratuitement ; elles le font à grands frais. Il faut donc qu'elles aient des ressources. En quoi consistent-elles ?

Elles proviennent de plusieurs sources dont les principales sont :

1° Les revenus des propriétés de l'établissement ;

2° L'achour payé par les serviteurs religieux de

la zaouïa (redevances annuelles payées volontaire-
ment par certains musulmans);

3° Les offrandes pieuses ;

4° Les collectes faites par les tolbas ;

5° Les droits d'admission.

Les marabouts constituent ce que nous appelons
le clergé séculier, salarié par l'État, se perpé-
tuant par la simple descendance.

Mais dans les pays soumis à l'Islam, comme
dans les pays catholiques, à côté du clergé séculier et, peut-on ajouter, au-dessus de lui, il y a
les ordres religieux dont les chefs ou grands
maîtres, « khalifa », sans être marabouts, exercent
sur les esprits, directement ou par leurs vicaires
« cheiks », une action considérable. L'un des plus
célèbres et aussi des plus redoutables par ses
menées comme par ses progrès est celui de Sidi-
Abderrahman, qui, d'après les uns, a son siège à la
Mecque, et, d'après les autres, en Kabylie. Quoi
qu'il en soit, il sert de foyer à une vaste association religieuse où se mêlent dans l'ombre
Khroumirs, Kabyles et Arabes, dont tous les
membres se nomment « khouans », frères, dont
le mot d'ordre semble être l'expulsion des Français de l'Afrique. Notre gouvernement fera bien
de surveiller de près les khouans : car sous ce nom
de confrérie se cache une société secrète, une
sorte de franc-maçonnerie politique, née autant

du sentiment patriotique que du sentiment religieux. On y retrouve les cérémonies d'affiliation,

LE MARABOUT ABD-EL-KADER.

de serment, les pratiques, qui caractérisent les
sociétés analogues dans les divers pays du monde.

L'ordre de Sidi-Abderrahman n'est pas le seul ; il y en a beaucoup d'autres, moins connus, il est vrai, mais tout aussi fanatiques.

Les nombreux adeptes de ces associations sont le noyau tout formé des milices sacrées, quand la guerre sainte est prêchée.

La guerre sainte ! ce sont les marabouts qui la prêchent.

Abd-el-Kader était marabout.

Bou Amena, Si Sliman, Si Kaddour et Ali-ben-Khalifa, les principaux chefs des dernières insurrections, sont des marabouts.

Dans la Tripolitaine, la Tunisie et le Maroc, le marabout est tout : un mot de lui soulève les masses ou les apaise.

En Algérie son influence est moindre ; elle cède peu à peu devant la fortune de nos armes. L'Algérie, voyant ses saints toujours vaincus par nos soldats, n'a plus la même foi : comme Athènes après Chéronée, elle commence à douter de ses dieux [1].

Quant aux Khroumirs, je serais diablement étonné si, après la rude leçon que nous leur avons administrée à la barbe de leur patron, ils avaient toujours la même confiance en Sidi-Abdallah.

1. Hauoteau, la *Kabylie*.

ANAÏA.

Les marabouts ont profité du respect général
dont on les a de tout temps entourés pour insti-
tuer une des plus belles coutumes du monde,
l'anaïa.

Dans un pays où la police et la force publique
ne sont pas choses très connues, il fallait, dans
l'intérêt de l'ordre public si souvent menacé,
qu'on pût clore les conflits par une mesure immédiate ; il fallait, dans l'intérêt du commerce et
de la sûreté individuelle, que la circulation fût
garantie sur les chemins pendant les guerres
intérieures.

C'est alors que le marabout, dans une inspira-
tion divine, trouva ce mot d'*anaïa* qui toujours et
partout devait suppléer à son action, souvent
impossible.

L'anaïa donne à tout citoyen le droit de sus-
pendre les luttes par un seul mot, d'assurer par
un sauf-conduit protection et asile au voyageur.

Deux hommes se battent ; un tiers intervient
qui prononce entre eux le mot *anaïa ;* le combat
cesse sous peine d'amende.

Deux tribus sont en guerre ; une troisième jette
entre elles son anaïa : la trève est forcée, sinon la
tribu médiatrice se tournerait contre celle qui
déclinerait sa médiation.

Quand la guerre éclate dans quelque coin de la
montagne, la kebila, l'arch, la dechra peuvent
couvrir de leur anaïa tel terrain, telle partie de
route. Ainsi se trouvent protégés les chemins
réservés aux femmes ; les marchés sont des terrains légaux d'anaïa[1].

Un voyageur a-t-il à traverser un pays où il
craint une attaque, il se munit d'un gage d'anaïa :
c'est tantôt une lettre, un anneau, un fusil, un
bâton, un objet quelconque que le *protecteur* lui
remet en guise de sauf-conduit ; tantôt il le fait
accompagner par son chien ou son serviteur ;
quelquefois il l'escorte lui-même. Avec cet objet
ou sous cette escorte, le voyageur est à l'abri de
toute agression.

Il va de soi que plus un homme est influent et
renommé, plus l'anaïa qu'il donne a d'importance
au loin ; mais en principe l'anaïa du plus humble
des Khroumirs ne passe pas pour moins inviolable,
et malheur à qui oserait la violer !

Le Khroumir n'a rien tant à cœur que son anaïa ;
elle lui est plus chère que tout au monde, que sa
femme, que ses enfants, que sa vie même ; il met
tout son honneur à la faire respecter, et s'il ne
peut à lui seul, il appelle ses parents, ses amis,
son village, et, quand il le faut, la tribu elle-même.

1. Prince Nicolas Bibesco, *Revue des Deux-Mondes*.

Briser son anaïa, comme il dit, c'est lui infliger la plus sanglante des injures.

Quelque temps avant la dernière guerre, un poète des O. Cedra ou soi-disant tel, du nom de Youçef, avait donné son anaïa à des marchands juifs qui se rendaient au souk-el-etneïn[1] des Hamran. Arrivés à Ben Metir, nos juifs furent assaillis et détroussés par une bande d'Atatfas et de Tebainias. Le poète le sut. Indigné de cet outrage, il provoqua aussitôt une réunion générale des O. Cedra et, la tête ceinte d'une corde de paille en signe de deuil, il improvisa devant l'assemblée un chant dont voici le refrain :

Récemment nous accompagnions des marchands juifs:
Les Atatfas et les Tebainias ont brisé notre anaïa.
Si nous la laissons fouler aux pieds, quelle honte!
Si nous la faisons respecter, que de sang versé!
L'anaïa est une montagne de feu;
Mais c'est sur elle que repose notre honneur.

Les O. Cedra, sans autre explication, récitèrent le fatah et envoyèrent déclarer la guerre aux Atatfas et aux Tebainias.

Comme on le voit, pour les Khroumirs il n'y a rien au-dessus de l'anaïa : c'est leur sultan [2].

1. Marché du lundi.
2. Général Daumas, *Grande Kabylie.*

Elle est supérieure aux amins, aux marabouts, aux Djemâas, à tous les pouvoirs qui varient ou qui passent : c'est la loi !

TROISIÈME PARTIE

LOIS ET COUTUMES[1]

La loi est la vraie souveraine de la Montagne, reconnue, acceptée et vénérée de tous. « Nul n'est censé l'ignorer. »

Mais à la différence de la loi musulmane ou française, ce n'est pas une loi écrite, dont les auteurs soient connus : c'est la tradition, la coutume, « ada », reçue des ancêtres, religieusement conservée et léguée de génération en génération par les vieillards aux enfants.

En adoptant le Coran pour guide de leur foi religieuse, les Khroumirs n'ont pas entendu lui sacrifier leurs mœurs et leurs coutumes, qui sont restées intactes à travers les âges et les révolutions.

C'est ce droit coutumier que les amins et les

---

1. Sur les *lois* *et coutumes*, lire dans la *Revue des Deux-Mondes* les remarquables articles du prince Nicolas Bibesco.

juges consultent en toute occasion ; ils n'ont recours à la loi musulmane que pour les cas, d'ailleurs très rares, non prévus par l'ada.

N'est-ce pas un fait curieux que l'existence d'un
code khroumir ? Et on aurait tort de le croire réduit à l'état rudimentaire. Sans doute il n'est pas
aussi complet et aussi savant que le nôtre, mais enfin la plupart des questions ordinaires des relations civiles y sont réglées. Il aborde la question des
personnes, l'État civil, le mariage, la répudiation,
le divorce, le renvoi ou la séparation, la polygamie, la propriété, l'usure, la justice.

On pourrait le diviser ainsi :

TITRE PREMIER

DES PERSONNES

———

CHAPITRE PREMIER

DE LA JOUISSANCE DES DROITS CIVILS.

Tous les Khroumirs, sans distinction, jouissent dans leur village des mêmes droits civils.

La jouissance des droits civils commence avec la majorité ou plus exactement avec la pleine puberté.

L'exercice de ces droits est subordonné au payement de quatre redevances perçues au profit du village et acquittées les jours de la naissance, de la circoncision, de la majorité et du mariage.

L'étranger peut acquérir la qualité de Khroumir par le payement d'un droit, en somme peu élevé.

CHAPITRE II

DE LA PRIVATION DES DROITS CIVILS.

La qualité de Khroumir se perd par tout établissement fait en pays étranger sans esprit de retour.

Le Khroumir qui quitte son village sans esprit de retour est tenu de payer un droit qu'on pourrait appeler « droit de départ ou de sortie ».

Lorsqu'il revient, s'il veut recouvrer la qualité de Khroumir, il est soumis aux mêmes conditions et formalités que l'étranger.

La condamnation à la peine de mort emporte la mort civile.

Je crois qu'il en est de même dans tous les pays du monde : « Mort le chien, morte la rage, » dit un proverbe méridional. Traduction libre : mort le citoyen, morts ses droits.

La lapidation, qui est la seule peine capitale chez les Khroumirs, entraîne la confiscation des biens et la destruction de la maison du condamné.

Les peines infamantes appellent sur la tête du coupable la réprobation et le mépris, mais n'emportent pas la mort civile.

Le banni ne perd ses droits civils que par le fait de son éloignement.

TITRE II

DE L'ÉTAT CIVIL

NOTIONS GÉNÉRALES

Les Khroumirs n'ont pas d'état civil ; les naissances, circoncisions, majorités, mariages et décès, qui marquent chez eux les grands événements de l'existence humaine, ne sont enregistrés sur aucun registre.

Seuls, quelques marabouts relatent sur une feuille spéciale la date de la naissance de leurs enfants.

Le chiffre de la population n'est connu que par les listes dressées par les amins pour les distributions de viande, listes d'ailleurs fort exactes, les amins étant responsables des fausses déclarations.

Mais si les principaux actes de la vie civile ne sont pas inscrits sur des registres publics, ils n'en sont pas moins constatés soit en présence de nombreux témoins, soit par les redevances payées à la Djemâa; ils n'en sont pas moins solennisés et consacrés par des fêtes et des cérémonies qui tiennent une large place dans l'histoire de ces montagnards.

CHAPITRE PREMIER

NAISSANCES.

Un enfant mâle naît-il dans le village, tout le
monde est dans la joie : la poudre parle, on féli-
cite les parents, un repas et une fête réunissent
les amis sous le toit de l'heureux père ; musique,
danse, coups de fusil, you-yous des femmes, rien
ne manque ; plus on fait de tapage, plus on pense
faire honneur à l'amphitryon. L'usage ne permet
pas de fêter les naissances de filles. Ce trait seul
révèle le caractère dominant de la société khroumire : toujours exposée à la guerre, sa préoc-
cupation première est d'avoir des défenseurs. Or,
la naissance d'une fille n'accroît en rien la force
du village.

CHAPITRE II

CIRCONCISION ET MAJORITÉ.

La circoncision a lieu vers l'âge de quatre ans. La majorité se détermine par le développement physique, qui est complet à l'âge de quinze ou seize ans. A l'occasion d'une circoncision ou d'une majorité, il y a aussi de grandes fêtes, mais moins bruyantes qu'à l'occasion d'une naissance ou d'un mariage.

CHAPITRE III

MARIAGE. — RÉPUDIATION. — DIVORCE. — RENVOI
OU SÉPARATION. — POLYGAMIE.

Les jeunes filles, en se mariant, stipulent que
les tebabla, ces vrais compagnons de la bonne
chère et des plaisirs, viendront égayer la noce de
leurs chansons, de leurs tambourins et de leurs
hautbois.

LA FEMME KHROUMIRE DANS LE MARIAGE.

Le mariage ! voilà un point sur lequel la coutume khroumire diffère profondément de la loi
musulmane et de la nôtre.

La femme khroumire, que l'on voit sortir librement de sa maison, aller à la fontaine et par les

chemins sans se voiler le visage, diriger les travaux de l'intérieur, s'asseoir même au repas devant son mari, cette femme, d'après la loi, n'est pas
une personne : c'est un des biens meubles de la
famille.

Le père, en mariant sa fille, la vend au plus
offrant; pour l'époux, la femme est une chose qu'il
achète. Le mariage a tous les caractères d'un
marché.

DES QUALITÉS ET CONDITIONS REQUISES POUR POUVOIR CONTRACTER MARIAGE.

La jeune fille n'est jamais consultée sur le choix
de son futur; mineure ou majeure, elle ne peut
jamais se marier sans consentement. Le père dispose d'elle à son gré. A défaut du père, ce sont
les frères, les oncles, même le tuteur; à défaut de
tout parent mâle, c'est la mère.

Le fils majeur peut se marier sans le consentement de son père; les convenances lui font néanmoins un devoir de le consulter.

Le fils mineur ne peut contracter mariage sans
consentement.

DES PROHIBITIONS.

Les prohibitions portées au mariage, soit en
ligne directe ascendante ou descendante, soit en

ligne collatérale, sont énumérées dans le Coran
(sourate IV, versets 26 et 27) :

« N'épousez pas, y est-il dit, les femmes qui
ont été les épouses de vos pères : c'est une turpi-
tude. »

« Il vous est interdit d'épouser vos mères, vos
filles, vos sœurs, vos tantes paternelles et mater-
nelles, vos nièces, filles de vos frères et de vos
sœurs, les mères de vos femmes, les filles confiées
à votre tutelle et issues de femmes avec lesquelles vous avez cohabité ; mais si vous n'avez
pas cohabité avec elles, il n'y aura aucun crime
à les épouser. »

« N'épousez pas non plus les filles de vos fils,
que vous avez engendrés, ni deux sœurs. »

Voilà ce qu'on peut appeler les prohibitions
absolues.

Il y en a d'autres.

Ainsi, l'union avec une femme de mauvaise vie
n'est jamais amnistiée par l'opinion publique, plus
sévère, là-dessus, en Khroumirie qu'en France.

La coutume relative au mariage ne fixe d'âge
minimum ni pour les hommes ni pour les femmes.
Tout est laissé à la discrétion des parents, ce qui
donne lieu aux plus graves abus : car souvent les
jeunes filles sont mariées avant l'âge indiqué par
la nature ; la vigueur de la race y perd beaucoup.

DE LA DEMANDE EN MARIAGE. — DOT.
CONTRAT VERBAL.

La demande en mariage est adressée au père par un tiers qui débat avec lui le prix d'achat. Ce prix est plus ou moins élevé, suivant l'âge, la beauté et les talents domestiques de la fiancée ; il peut varier entre 200 et 500 francs.

La valeur marchande des femmes a des mouvements de hausse et de baisse, selon que les années sont bonnes ou mauvaises.

Le père donne à sa fille quelques cadeaux de noces : des vêtements, une ceinture et des bijoux ; c'est ce qui constitue la dot, « cedak ».

Il n'y a pas de contrat écrit : toutes les stipulations se font verbalement devant le marabout et plusieurs témoins.

DES FORMALITÉS RELATIVES A LA CÉLÉBRATION DU MARIAGE.

Le marabout joue dans le mariage khroumir un rôle analogue à celui du maire dans notre mariage civil.

Le jour désigné par les parties, il se transporte au domicile de la fiancée, où le mariage, suivant la coutume, doit être célébré, et là, en présence des

hommes les plus considérables des deux kharoubas, il donne lecture à haute voix de la quatrième
sourate du Coran, ainsi conçue : « *Je déclare un tel*,
fils de...., *mari d'une telle ; je déclare une telle*,
fille de....., *femme d'un tel*. Puis il récite le fatah
sur les deux époux, et le mariage légal est con-
sommé.

La femme se rend à la maison conjugale à dos
de mule, recouverte d'un burnous qui la cache
complètement aux regards, et des coups de fusil,
des cris de joie, une grande fête l'accueillent dans
sa nouvelle famille.

CAS DE NULLITÉ.

Le mariage doit être annulé dans les cas suivants :

1° Si la femme a été vendue par quelqu'un qui
n'avait pas le droit d'en disposer ;

2° Si la femme est encore dans les liens d'un
premier mariage ;

3° Si la femme d'un absent s'est remariée avant
l'expiration des délais légaux ;

4° Si le mariage n'a pas été célébré publique-
ment devant le marabout et les notables du village.

Dans tous les cas où la nullité du mariage est
prononcée, il y a lieu à restitution de la somme
donnée par mari.

TEXTES ARABES. Voir p. 18 et 55.

Les enfants issus de ces unions sont considérés comme légitimes.

DES OBLIGATIONS QUI NAISSENT DU MARIAGE.

La femme doit obéissance à son mari.

Elle est obligée de le suivre partout où il juge à propos de résider.

Elle a la direction du ménage.

Le mari doit protection à sa femme.

Il est obligé de lui fournir tout ce qui est nécessaire pour les besoins de la vie, selon ses facultés et son état.

Il a le droit de la châtier.

DE LA DISSOLUTION DU MARIAGE.

Le mariage se dissout :

1° Par la mort de l'un des époux ;

2° Par l'absence ;

3° Par la répudiation ;

4° Par le divorce ;

5° Par le renvoi de la femme ;

6° Par sa fuite, suivie du rachat.

Quand le mari meurt, la veuve rentre dans la maison de son père, qui en dispose de nouveau à son gré et la revend, si elle n'a pas d'enfants.

Mais si elle en a, son père ne peut la revendre

malgré elle ; dans ce cas, elle a même le droit de
se racheter de la puissance paternelle, moyennant
une certaine somme. La veuve ainsi libérée peut
se remarier avec qui bon lui semble. Mais elle ne
peut convoler en secondes noces que quatre mois
et dix jours après la mort de son premier mari.
Cet intervalle de temps se nomme aïdda (délai
d'expectative).

Pour la femme d'un Khroumir présumé absent,
l'aïdda est de quatre ans révolus depuis le départ
du mari.

Le mari, à son retour, n'est pas recevable à at-
taquer le mariage, si les formalités d'usage ont été
observées, c'est-à-dire si l'expiration du délai de
quatre ans a été constatée devant la Djemâa, en
présence d'un marabout. Il ne reste plus à l'évincé
d'autre droit que de réclamer le prix d'achat.

En dehors de ces deux cas, le mariage peut se
dissoudre légalement par la répudiation, le divorce, le renvoi ou la fuite de la femme.

Il y a cette différence entre le divorce et la répudiation que l'un rend la liberté aux deux parties,
tandis que l'autre ne la rend qu'au mari. La répudiation est donc une arme terrible. Aussi, même
chez les Khroumirs, est-elle rarement appliquée.
Les formalités en sont assez sommaires. Le mari
dont l'honneur est offensé n'a qu'à dire à sa femme :
« Va-t'en, je te répudie, » pour que la répudia-

tion soit définitive. La femme reste toujours la propriété du mari et sous sa dépendance ; il peut se remarier, elle ne le peut pas.

Pour le divorce, les choses vont aussi rondement. Un Khroumir est-il mécontent de sa femme, a-t-elle cessé de lui plaire, ou simplement lui a-t-elle donné une fille au lieu d'un fils, c'en est assez pour qu'il lui jette à la face la formule sacramentelle : « Va-t'en, je divorce. » La femme rentre chez son père, le père rembourse le mari et les deux conjoints sont libres. Ce n'est pas plus long.

Les choses cependant ne se passent pas toujours avec cette désinvolture et cette crânerie. Les Khroumirs du *grand monde* y mettent plus de formes, ils sauvent au moins les apparences. Divorcer ou répudier serait, à leurs yeux, contraire aux bienséances. Alors ils se contentent de renvoyer la femme dans sa famille pendant quelques mois, un an, deux ans, le temps de lui laisser faire pénitence ; après quoi, ils la reprennent ou l'abandonnent définitivement, étant libres de faire l'un ou l'autre. Mais, s'ils la reprennent, ils sont obligés de payer une amende au village, d'offrir quelques cadeaux à la femme et de s'adresser de nouveau au marabout, comme s'ils se mariaient pour la première fois.

Le *renvoi* de la femme, qui, on vient de le voir, remplace le divorce ou la répudiation dans les grandes familles khroumires, n'est pas sans quelque analogie avec ce que nous appelons la séparation judiciaire.

Il ne faudrait pas conclure de tout ceci que la femme khroumire est complètement désarmée dans le mariage. Non : elle a le droit de *s'insurger* et de se retirer dans la maison paternelle. Le mari ne perd pas pour cela ses droits de propriétaire, mais il ne peut pas la contraindre seul à se remarier; il a encore besoin du consentement du père, qui ne le donne pas pour rien.

Dans tous ces cas, répudiation, divorce, séparation, les enfants — filles ou garçons — restent au père, excepté l'enfant à la mamelle, que la mère garde pendant tout le temps de l'allaitement.

Ainsi donc, c'est aussi par le mariage que se constitue la famille khroumire. La polygamie n'est pas cependant prohibée; elle est permise comme dans la loi arabe, elle est même de droit commun, mais elle est peu répandue. Non pas, notez-le bien, que ces montagnards éprouvent des scrupules à cet égard; mais la plupart ne sont pas assez riches pour acheter et entretenir plusieurs femmes. Seuls, quelques marabouts peuvent se payer ce luxe-là.

Ce n'est pas tant sous le rapport matériel qu'au point de vue civil et moral que le sort des femmes est déplorable.

« Sans doute, les conditions matérielles de leur existence sont assez dures : à peine vêtues, n'ayant qu'une nourriture trop souvent insuffisante, elles doivent se livrer aux travaux quelquefois pénibles du ménage. Mais la vie des hommes n'est pas plus douce et elles ne font après tout que partager la misère et les rudes labeurs de leurs maris[1] »

L'état d'infériorité de la femme se manifeste dès son entrée dans la vie. La naissance d'un fils est un sujet de joie ; au contraire, la naissance d'une fille, presque un sujet de honte : ce sera peut-être un jour pour le père, si la mère n'a pas d'enfant mâle, un motif pour divorcer.

Toujours en tutelle, avant comme après le mariage, la femme n'a pas de personnalité : c'est un meuble qui passe d'une main dans une autre, qu'on vend et qu'on achète, qu'on revend même, si l'on veut. Son abaissement moral ne peut pas être plus profond. Heureusement qu'elle n'en souffre pas, n'en ayant pas conscience.

Il n'y a qu'une circonstance où la femme soit l'égale de l'homme : nous l'avons dit, sur le champ de bataille ; et puis, je l'oubliais, devant la mort qui nivelle tous les rangs sans s'occuper des sexes.

1. Hanoteau.

CHAPITRE IV

ENTERREMENTS.

Oui, c'est surtout dans la mort que les femmes retrouvent cette égalité qu'elles n'ont pas connue pendant la vie.

Elles sont inhumées avec les mêmes honneurs que les hommes': amin, dahmans et marabout assistent à leurs funérailles ; tout le village suit le cortège jusqu'au cimetière, généralement situé sur une crête, où la fosse est creusée en plein roc. Regardez cette fosse, elle ressemble à toutes les autres. Dans les cimetières khroumirs, rien qui distingue les grands morts des petits. Égalité parfaite.

TITRE III

DE LA PROPRIÉTÉ

———

La femme khroumire n'étant pas considérée comme une personne, il s'ensuit qu'elle n'a pas qualité pour hériter. Aux hommes seuls le droit de succéder; la terre ne peut appartenir qu'à eux[1].

La propriété chez les Khroumirs est fortement assise et nettement déterminée. La plus grande partie du sol se divise en propriétés privées, ou melk, parfaitement définies et limitées. Ces purs démocrates sont propriétaires par excellence et on ne peut plus sévères contre les empiètements du voisin : point de champs sans bornes, point de

1. Nous devons la plupart des détails qui suivent sur la propriété au prince Nicolas Bibesco.

vergers sans haies ou sans clôture de pierres
sèches.

Outre le bien melk, base constitutive de la propriété khroumire, on distingue encore trois sortes
de propriétés :

1° La propriété mechmel ou communale, comprenant des terrains vagues et indivis, comme pâ-
turages, chemins, marchés, cimetières ;

2° Le habbous ou domaine de mainmorte appar-
tenant à certains établissements religieux ;

3° La propriété rabbi ou lot de Dieu, c'est-à-dire
lot des pauvres. Qu'un homme de bien dise devant
témoins : « A ma mort, je laisse aux pauvres tel
champ, » les héritiers seront forcés d'en faire
l'abandon et ce legs formera une propriété rabbi.
Mais qui payera les semences? une cotisation du
village. Qui fournira le labour? une corvée générale.

N'est-ce pas là, à peu de chose près, la consti-
tution de la propriété française? Mais ce n'est pas
tout. Comme dans notre Code, les biens se distinguent en meubles et immeubles. Les droits
d'accession et d'alluvion sont strictement prévus.
Ainsi de l'usufruit, ainsi encore des servitudes qui
offrent une série de cas particuliers dont nous
n'avons aucune idée. Telle porte, par exemple, doit
rester fermée à certaines heures où elle donnerait
vue sur les femmes du voisin ; sur tel chemin pas-

sera la vache et non le veau ; sur tel autre, la bête
de somme en laisse et non en liberté. C'est surtout
pour les sentiers réservés aux femmes et interdits
aux hommes que les droits de passage sont sévè-
rement réglés.

SUCCESSIONS.

En matière de succession, la coutume khroumire s'écarte sur trois points de la loi française :
elle n'appelle pas les femmes à hériter et n'admet
ni la représentation ni le bénéfice d'inventaire.
« Ouvre l'œil, dit le Khroumir, avant d'accepter
une succession ; quand tu l'acceptes, tu en peux
recueillir toutes les créances, tu en dois donc
payer toutes les dettes. »

DONATIONS ET TESTAMENTS.

En matière de donations et de testaments, la
coutume diffère de celle de notre Code : par dona-
tion, le Khroumir a droit de disposer de tout son
bien ; par testament, la quotité disponible est du
tiers seulement. Bien peu de Khroumirs sachant
écrire, le testament légal est toujours fait devant
témoins.

CONTRATS.

Les Khroumirs connaissent tous nos contrats.

Pour la vente, ils suivent des principes analogues aux nôtres.

USURE.

Le commerce de l'argent est légal en Khroumi-rie : la coutume, moins sévère que le Coran et le Code français, ne fixe aucun taux ; elle autorise l'usure : 33 p. 100, voilà l'intérêt ordinaire et parfois 60 p. 100. Le Khroumir ne laisse pas dormir son capital, il aime les coups de Bourse ; c'est vraiment dommage qu'il ne soit pas à Paris : quel vaste champ ouvert à son génie spéculatif !

HYPOTHÈQUE ET PRIVILÈGES.

L'hypothèque et les privilèges ont aussi leur place dans la coutume khroumire.

En matière d'hypothèques, la coutume traite durement l'emprunteur et rend le prêteur usufruitier de tout ou partie du bien hypothéqué. Comme notre Code, elle reconnaît un privilège au vendeur non payé ou à l'acheteur qui a payé sans que la chose lui fût livrée.

Quand un Khroumir a des dettes qui excèdent la valeur totale de ses biens, il est passible, comme le Français, de l'expropriation forcée.

PRESCRIPTION.

Enfin, la théorie de la prescription a pareille-
ment sa trace dans la loi khroumire et s'applique,
en matière de vente, au droit de chefâ, qui se
prescrit par le bref délai de trois jours.

Pour les meubles possession vaut titre, sauf le
cas de vol : les objets volés peuvent être repris
entre toutes les mains, dans n'importe quel délai.
Ainsi des immeubles : lorsque le propriétaire d'une
maison possédée même de bonne foi par un autre
a pu prouver ses titres, l'occupant est rigoureu-
sement dépossédé, quelle que soit la durée de la
possession.

Ces rapprochements suffisent à prouver que la
coutume khroumire est plus complète et plus voisine de notre législation qu'on ne devait l'attendre
d'un peuple primitif.

Cette coutume ne se conserve que par tradition
dans les mémoires, chaque génération l'enseigne
à la suivante, et là non seulement tout le monde
est censé connaître la loi, tout le monde la connaît.

Il est vrai que les lois khroumires ne sont ni aussi
nombreuses ni aussi compliquées que les nôtres :
au lieu de trente-six mille textes sur une même
question, il n'y en a qu'un, et, pour l'apprendre,
on n'a besoin ni d'avocats, ni d'avoués, ni d'huis-

siers ; tous ces oiseaux de proie, tous ces corbeaux au bec crochu, qui s'abattent sur nous au premier cri de détresse et se nourrissent de nos entrailles, ne nichent pas dans les montagnes khroumires, pourtant neigeuses l'hiver et chargées de frimas.

Les Khroumirs n'ont pas non plus à se plaindre des lenteurs de la procédure, débarrassée chez eux des vieux clichés, des vieilles formules et de cet encombrement de paperasses qui font chez nous le désespoir des justiciables.

La justice khroumire est expéditive et gratuite, deux avantages qu'elle a sur la nôtre, si lente et si ruineuse.

Il ne faut pas nous en étonner : les Khroumirs sont des sauvages et nous sommes un peuple civilisé.

TITRE IV

JUSTICE

———

QUI REND LA JUSTICE ?

C'est la Djemâa : en elle sont concentrés non
seulement les pouvoirs politique et administratif,
mais encore le pouvoir judiciaire.

Ce que nous appelons justice de paix, tribunal
de première instance, cour d'appel, cour de cassa-
tion ; tribunaux de simple police, correctionnel et
criminel ; conseil de préfecture, conseil d'État,
tribunal des conflits, cour des comptes, toutes ces
juridictions, tant de l'ordre administratif que de
l'ordre judiciaire, de droit, c'est la Djemâa qui les
exerce.

JUSTICE CIVILE.

De fait, du moins en matière civile, ce sont des
arbitres appelés ulémas ; les ulémas sont les juges
naturels de tous les différends.

Chaque partie choisit un arbitre : les deux arbitres opinent-ils de même, la cause est jugée.

Sont-ils en désaccord, un troisième arbitre, ou
au besoin un tribunal de marabouts, décide en
dernier ressort.

Les ulémas reçoivent les preuves, écoutent les
témoins, défèrent le serment. L'usage veut que l'on
vienne jurer sur le tombeau de quelque saint marabout, et pas un Khroumir n'oserait mentir en
face de ces tombes vénérées.

Cette juridiction arbitrale est fort impartiale et
fort efficace.

JUSTICE PÉNALE.

En matière de simple police, en matière correc-
tionnelle et criminelle, la Djemâa est encore de
plein droit souveraine. De fait, c'est l'amin.

Lapidation et bannissement, entraînant toujours
la confiscation des biens et la destruction de la
maison du coupable, telles sont les peines appli-
cables aux crimes contre la communauté ou contre
l'anaïa.

Les crimes contre les personnes ne sont jamais
punis de mort, ou rarement. Le meurtrier est banni,
sa maison est détruite, ses biens confisqués, un
exil éternel le frappe. La vindicte publique ne va
pas plus loin. Mais le champ reste ouvert à la ven-

geance particulière, qui est regardée comme une obligation d'honneur et un devoir sacré; la loi khroumire, d'accord sur ce point avec la loi musulmane, prescrit d'une manière absolue la peine du talion : « Dent pour dent, œil pour œil ; » il faut que l'assassin meure. Sa fuite ne le sauve pas. Dans quelque région lointaine qu'il se retire, la vendetta le suit, implacable et terrible ; elle ne s'éteint que dans le sang.

Un homme est assassiné, il laisse un fils en bas âge. La mère apprend de bonne heure à ce dernier le nom de l'assassin. Quand le fils est devenu grand, elle lui remet un fusil et lui dit : « Va venger ton père ! » Si la veuve n'a qu'une fille, elle publie qu'elle ne veut pas de dot pour elle, mais qu'elle la donnera seulement à celui qui tuera l'assassin de son mari. A défaut de fils, la vendetta appartient au frère de la victime ou à son héritier.

La bastonnade, en usage chez les Arabes, ne l'est pas chez les Khroumirs : c'est une peine infamante qui révolterait des hommes d'un caractère aussi fier.

La peine de la prison n'existe pas non plus en Khroumirie. La Djemâa, toute-puissante, peut bien exécuter un coupable ou le priver de tous ses droits, elle ne peut pas le détenir seulement une heure. Chez ces montagnards, la liberté est plus précieuse que la vie. L'amende, voilà la

grande sanction pénale : c'est la principale ressource du fisc. Aussi la Djemâa ne ménage pas
les délinquants.

KANOUNS.

Un Kanoun règle dans chaque village, même
dans chaque kharouba, le montant des amendes
pour chaque infraction à l'ada. Les moindres
délits : querelles, menaces, déprédations, empiètements de propriétés, sont punis d'amendes. Le vol
est aussi puni d'une amende, mais plus forte, surtout le vol nocturne, beaucoup plus grave que
l'autre aux yeux des Khroumirs.

Les amendes sont payées le jour même de la
condamnation, recueillies par les dahmans, cen-
tralisées par l'amin; elles vont au trésor du village
jusqu'à concurrence de telle somme.

Au-dessus d'un certain chiffre, l'amin doit en
verser l'excédent dans la caisse de l'*amin el oume-
na*, qui l'emploie en partie à acheter de la poudre
pour les plus nécessiteux de la tribu et en partie à
secourir les pauvres.

En toute circonstance et quelque autorité qu'il
ait, l'amin est contraint de se renfermer rigou-
reusement dans l'application de la loi. Nul arrêt
arbitraire ne peut être rendu : l'égalité devant la
loi forme un des premiers articles de la charte

khroumire. Cette charte n'est pas écrite, mais elle
est observée depuis deux mille ans.

Le penchant du Khroumir pour l'égalité est si
fort que le moindre abus d'autorité se heurte à un
refus d'obéissance exprimé dans les termes les
plus énergiques : *enta cheikh, ana cheikh*[1].

Tels sont les Khroumirs, ces vieux fils de la terre
africaine, menaçants et farouches comme les flots
de la mer irritée, leur voisine; altiers et sauvages
comme les monts qui les portent et les forêts qui
les abritent.

Telles sont leurs institutions politiques et sociales, leurs coutumes judiciaires, nées jadis les
unes et les autres sous le souffle révolutionnaire,
de l'amour de la liberté, de l'égalité et de la fraternité.

Tels sont les principaux ressorts d'un gouvernement où tout se meut, non pas comme chez nous
en vertu d'une impulsion donnée au jour le jour,
mais en vertu d'une impulsion première et d'après
des règles traditionnelles qu'aucun écrit ne peut
nous révéler.

Pour que l'esquisse de ce travail soit complète,
il ne reste plus qu'à présenter les Khroumirs au
point de vue littéraire.

1. Toi chef, moi aussi.

QUATRIÈME PARTIE

LITTÉRATURE [1].

———

Ce serait trop présumer des Khroumirs, montagnards complètement illettrés, ne sachant ni A ni B, ayant d'ailleurs perdu leur alphabet et leur système d'écriture, que de leur demander une littérature rappelant, même de loin, celle des nations civilisées.

Les Khroumirs font de la littérature un peu comme M. Jourdain faisait de la prose, sans le savoir; comme en font d'ailleurs les paysans illettrés de nos campagnes avec qui, je crois, on pourrait les comparer sans désavantage.

Un fait curieux, un événement important se

1. Pour la partie littéraire, nous avons emprunté la majeure partie des détails aux livres si intéressants du général Hanoteau :

Essai de grammaire de la langue tamachek ;
Essai de grammaire de la langue kabyle ;
Poésies populaires du Jurjura.

passe-t-il dans le village ou la tribu, vite une chanson.

La chanson, voilà la littérature nationale et populaire. Elle se transmet sans s'écrire, de bouche en bouche, répandue dans le public par des chanteurs de profession vivant aux dépens de ceux qui les écoutent.

De ces chanteurs, les uns, connus sous le nom de *ameddah*, sont en même temps musiciens et poètes, poètes dans le sens étymologique du mot, c'est-à-dire *faiseurs*, auteurs. A l'instar de nos anciens troubadours, avec lesquels ils ne sont pas sans analogie, ils vont de village en village, de porte en porte, chantant les louanges de Dieu, les exploits des guerriers, les luttes de la Kébila, la gloire et les malheurs de la patrie.

Très amis de la bonne chère, ils fréquentent de préférence les bonnes maisons et payent en vers élogieux l'hospitalité généreuse de leurs patrons. Bien reçus partout, ils sont traités comme des gens de distinction. A eux les plus belles tranches de mouton, le meilleur couscous, les fruits les plus mûrs! Et malheur à qui oserait les négliger! il serait l'objet de leurs mesquines rancunes d'estomac.

Les chanteurs parcourent habituellement le pays à l'époque des récoltes : c'est la saison des collectes abondantes. Les Khroumirs ne roulent pas

sur l'or, tant s'en faut; mais ils sont généreux à
l'égard de leurs poètes favoris, qui ne s'en revien-
nent jamais les poches vides; on leur donne toujours quelque chose, si peu que ce soit : l'été, du
grain ; l'automne, des figues. Dans beaucoup de
villages même, on leur fait une pension annuelle.

Les *ameddah* voyagent seuls et s'accompagnent
eux-mêmes avec le tambour de basque; les *tebabla*,
au contraire, qui ne sont pas musiciens, sont toujours suivis d'une troupe de tambourineurs, dont
le rôle est de faire le plus de tapage possible, tout
en marquant la mesure.

S'ils ne sont pas musiciens, les chanteurs de cette
seconde catégorie ne sont pas non plus poètes. Mais
voici comment ils s'y prennent pour enrichir leur
répertoire : ils vont trouver un chansonnier en
vogue et le prient de vouloir bien, moyennant ré-
tribution, leur apprendre ce qu'il sait. Celui-ci, qui
ne demande pas mieux que d'écouler son stock
littéraire, leur répète ses chansons jusqu'à ce
qu'elles soient bien gravées dans leur mémoire; ils
vont alors les chanter dans les gourbis et les apprendre, par le même procédé, à leurs confrères,
en se faisant, bien entendu, rembourser une partie
des droits d'auteur qu'ils ont eu à payer.

Les tebabla sont de vrais compagnons de la
gaieté : amour, danses et plaisirs, c'est leur affaire.

Sans eux pas de fête khroumire. Un homme riche qui réunit ses amis à l'occasion de la naissance d'un fils, d'une circoncision, d'un mariage, baisserait dans l'estime de ses concitoyens, si sa maison ne retentissait pas pendant plusieurs jours de leurs sérénades.

Mais, chose étrange! tandis que les ameddah jouissent d'une grande considération et prennent une part directe et active aux affaires publiques, les tebabla en sont exclus et relégués au même niveau que les bouchers, les mesureurs de grains et autres gens; leur profession, réputée vile et contraire à la morale, les place sous le coup d'une réprobation analogue à celle qui a pesé si longtemps en France sur les comédiens.

La chanson khroumire embrasse tout : sujets de guerre, fables, satires, sentences, contes et nouvelles, dialogues, poésies amoureuses et légères.

I

CHANTS NATIONAUX ET PATRIOTIQUES.

Si nous avons notre *Marseillaise*, les Khroumirs ont aussi la leur : c'est un long cri de haine sauvage contre les chrétiens et on ne peut l'entendre sans frissonner; ils la chantent toujours et partout, même sous les armes, sans pour cela passer pour des séditieux.

En voici la traduction presque littérale, d'après deux anciens zouaves qui sont longtemps restés prisonniers chez les montagnards, et qui, pendant leur dure captivité, ont eu tout le loisir de l'apprendre.

Les paroles qui commencent chaque couplet, presque intraduisibles, sont une sorte de salut à l'adresse du sultan, dont ils se soucient fort peu au fond.

LA MARSEILLAISE

ou le chant de guerre des Khroumirs.

I

Padischah im choc iaka!
Le soleil se couche au loin, chassé par la lune qui arbore dans le ciel son croissant argenté, signe cher aux croyants; le beuglement des bœufs et le hennissement des chevaux retentissent dans la solitude des bois; Bou-Maza, l'homme à la chèvre, le derviche inspiré, enveloppé dans son derbal [1], va regagner son gourbi.

II

Padischah im choc iaka!
Au-dessus du gourbi du chien maudit, la fumée monte, portant jusqu'à la demeure d'Allah la senteur abhorrée

1. Burnous sale, troué, misérable haillon.

du porc impur; la lumière brille derrière sa porte, éclairant son ivresse, faisant luire dans l'ombre le vin détesté.

III

Padischah im choc iaka!

C'est le moment où le Khroumir vigilant, ceignant sa tête d'une corde qu'a donnée le poil de la chèvre, enfant de la montagne, se glisse dans la nuit, le meukhala sur l'épaule, le poignard aux dents.

IV

Padischah im choc iaka!

La tempête hurle, la mer soulevée s'élance jusqu'aux nues ou descend jusqu'aux abîmes; là-bas le navire ballotté par les flots agite désespérément ses voiles; son canon jette l'alarme, ses coups redoublés réveillent les échos de nos montagnes.

V

Padischah im choc iaka!

Soufflez, vents! vagues, mugissez! Brisez sur le rivage le vaisseau des Roumis immondes; le Khroumir sur le sable attend que la fureur de la tourmente amène sous le coup de son *iéhba* la coque désemparée.

VI

Padischah im choc iaka!

Nous méprisons la prière timidement murmurée au sommet des minarets; le marabout tremblant et cassé qui, dans la mosquée, récite tout bas les versets inoffensifs du Coran n'est point le chef qu'il nous faut. Notre marabout, c'est notre caïd qui, dans la bataille, se plaît à respirer la fumée de la poudre; notre Coran, c'est le bon meukhala qui pend à notre épaule.

VII

Padischah im choc iaka !

En avant, fils de Ben Djem ! Que le pied du giaour ne souille jamais le sol de ces contrées ! Mort à l'imprudent qui franchira notre frontière ! Qu'il soit à l'instant puni de

BOU-MAZA ET SA CHÈVRE

sa témérité ; que sans yeux, sans oreilles, la tête loin du tronc, il soit à jamais privé du paradis d'Allah ; que l'horreur de son châtiment glace d'épouvante ses pareils, assez osés pour attenter à l'antique indépendance des Khroumirs !

Ce premier chant serait-il par hasard une ré-
ponse à celui [1] de notre Tyrtée, M. Paul Déroulède ?
On le dirait.

1. Le beau chant de M. Paul Déroulède, auquel nous faisons
allusions, est intitulé :

BONNE CHANCE !

Les Khroumirs sont dans la montagne,
Sonnez, clairons ! Poudre, chantez !
Et vous, soldats, bonne campagne !
Bienheureux qui vous accompagne,
Chers frères d'armes qui partez !

Oui, bienheureux qui sert la France,
Bienheureux ceux qui vont courir
Aux dangers comme à la souffrance :
C'est une fière préférence
Que d'être choisi pour mourir !

Non que ce soit la grande guerre,
Ni qu'il faille nous en troubler ;
Mais cette marche militaire,
C'est sous le feu qu'ils vont la faire,
Et le sang français va couler.

Le sang français ! Trésor auguste
Qu'on amassait avec ferveur ;
Qui devait, à la force injuste,
Opposer l'équité robuste
Et nous racheter notre honneur...

Et pourtant, il faut s'y résoudre,
Ce trésor, il faut en donner !
Qui nous juge doit nous absoudre ;
Les Khroumirs font parler la poudre,
Le canon français doit tonner.

Bonne chance, et que Dieu vous garde,
Soldats ! vengeurs de nos fiertés !
La France en armes vous regarde,
O chers porteurs de sa cocarde,
C'est son cœur que vous emportez !

9 avril 1881.
                                    Paul DÉROULÈDE,

Le deuxième chant, l'*Invasion*, a été composé
après la dernière guerre et sous le coup des malheurs qui venaient de frapper les Khroumirs ;
aussi en sort-il comme un souffle d'honneur et de
patriotisme, comme un accent désespéré qui éveille
l'attendrissement et presque la pitié.

Le premier chant, la *Marseillaise*, est en prose ;
celui-ci est en vers. Les Khroumirs sont éminem-
ment improvisateurs et naturellement poètes ; leur
imagination ardente s'enflamme vite et colore jusqu'aux moindres sujets. Ils versifient avec une ai-
sance incroyable, sans, pour ainsi dire, s'en aper-
cevoir. Seulement, la poésie pour eux n'a pas de
lois, elle ne connaît d'autres règles que les besoins
du chant.

Leurs vers se mesurent, comme en français, par
le nombre de syllabes, mais sans égard ni aux longues ni aux brèves ; ils sont le plus souvent rimés
ou plutôt terminés par des assonances.

L'INVASION.

Les Français, en s'abattant sur nous,
Étaient plus nombreux que les étourneaux.
Bêtes de somme sans croupière,
Ils marchaient le sac au dos,
Le poil inculte et ras,
La tête sous un boisseau[1].

1. Shako.

Ciel ! jamais nos yeux n'avaient vu
Autant de culottes rouges,
Ils allaient, généraux en tête,
Précédés d'éclairs et de tonnerres ;
Leurs canons grondaient toujours,
Leurs balles sifflaient sans cesse.

Les Français sont maîtres de nos montagnes.
Rien n'a pu résister à leur élan.
Pas une crête qu'ils n'aient franchie,
Pas un torrent où ils n'aient passé.
Les Khroumirs maintenant sont vaincus sans retour,
Et dispersés dans les forêts épaisses.

Et pourtant les Khroumirs ne sont pas des lâches.
Hier encore, ils passaient pour des preux,
Pour des gens à la poudre meurtrière.
Leur ardeur au combat a été sans égale,
Ils ont fondu sur l'ennemi comme des faucons ;
Mais, hélas ! le chrétien les a pilés comme glands.

Malheureux que nous sommes !
Les Français sont entrés chez nous
Comme des loups dans la bergerie.
Qué sont devenus nos moissons dorées,
Nos champs d'orge et de froment
Et nos gourbis de branches au toit de liège ?

O saint marabout, où étais-tu,
Quand Sidi-Abdallah a été pris ?
Au souffle du vent de la montagne,
Sur les murs de la blanche mosquée,
N'as-tu pas vu flotter les trois couleurs impies ?
L'infidèle a impunément regardé ton tombeau.

La poudre ne parle plus,
On n'entend plus le cliquetis des armes,
A la tempête le silence a succédé ;
Tout est fini, bien fini !
L'honneur khroumir est mort,
Morte aussi notre indépendance !

Désormais nous sommes des esclaves
A la merci des Roumis abhorrés.
Prends le deuil, ô ma tête,
Couvre-toi de cendres et de suie :
Et vous, mes yeux, pleurez,
Oui, pleurez des larmes de sang.

II

FABLES.

Les fables khroumires ne manquent ni de finesse
ni de sel ; elles ont le tour vif et gracieux ; le
style en est alerte, concis et clair. Lisez plutôt :

LE LÉVRIER ET L'OS

Un lévrier trouva un os et le rongeait déjà.
L'os lui dit :
— Je suis bien dur !
Le lévrier répondit :
— Ne t'inquiète pas, j'ai tout le temps, n'ayant plus
rien à faire.

C'est court, mais piquant, et on ne peut plus al-
légorique. Comme il serait facile de mettre à la
place des deux interlocuteurs d'autres personnages !
Ce lévrier aux pattes allongées, au museau pointu
et délicat, je le connais.

C'est sans doute à la facilité de certains rapprochements qu'il faut attribuer le succès de cette
petite fable, au moment de l'expédition ; elle fit
alors fortune dans les journaux du boulevard.

Lecteur, que dites-vous du fabuliste khroumir ?
Eussiez-vous jamais supposé que notre bon La
Fontaine eût là-bas des imitateurs et presque des
rivaux ? Et cependant, vous le voyez, cela est.

III

MAXIMES ET PENSÉES.

Les Khroumirs n'ont pas que des La Fontaines,
ils ont aussi des La Rochefoucaulds, des Pascals,
des La Bruyères et des Vauvenargues. Je viens
de glaner dans un de leurs champs littéraires une
dizaine de maximes et de pensées dignes, ma foi !
de nos grands moralistes.

CONSEILS AUX MARIS.

Que celui qui se marie prenne une femme de bonne
        Une fille noble et chaste ;   [maison].

Un mauvais mariage est comme le coucher du soleil,
L'obscurité le suit de près.

Mamer-N-Essaïdi.

Le mariage avec une jeune enfant,
C'est le bonheur qui gazouille :
J'en voudrais une dans ma maison
Pour filer la laine.

Si-Mohammed-Saïd.

A mauvais mariage le divorce !
C'est le mieux,
Quand il n'y a pas d'enfants.
Une femme désordonnée
Est un scandale dans son village
Et un enfer dans sa maison.

Mamer-N-Essaïdi.

Repoussez toute union avec la femme divorcée,
C'est un fagot d'épines.
Tous les jours, ce seraient des disputes
A troubler le repos des voisins.

Si-Mohammed-Saïd.

LES PENSÉES DE MOHAND-AGOUA.

Celui qui sème dans une bonne terre
Retrouve ce qu'il a semé.
Chez les honnêtes gens
Le bienfait n'est qu'un prêt.

Le monde, voilà ce qui s'y passe !
L'envie et la haine y sont les maîtresses.
Celui qui est blanc, on le noircit,
Celui qui est noir, on le blanchit.

Rendre un service
Et le reprocher sans cesse,
C'est manquer de jugement
Et provoquer l'ingratitude.

IV

CONTES OU NOUVELLES.

Mais un genre qui prête admirablement à l'imagination orientale des Khroumirs, sans cesse excitée par les magnifiques spectacles de la nature vierge qu'ils ont sous les yeux, c'est le conte ou la nouvelle. En voici deux d'un intérêt saisissant; l'intrigue en est rapide ; le dénouement attachant et imprévu.

HISTOIRE DE L'HOMME QUI CHERCHE LE PAYS OU L'ON NE MEURT PAS.

Cette histoire est celle d'un homme dont la mère était très vieille, et qui cherchait pour elle un pays où l'on ne mourût pas.

Il se mit en route à la recherche de ce pays.

Lorsqu'il arrivait dans un endroit et qu'il y voyait des tombeaux, il passait et ne s'arrêtait pas. Il parcourut de la sorte bien des pays sans en trouver un seul où il n'y eût pas de tombeaux. Un homme lui dit alors :

— Où vas-tu toujours ainsi, sans jamais t'arrêter, laissant ta vieille mère seule?

— Je cherche, dit-il, un pays où il n'y ait pas de tombeaux.

— Si tu veux, reprit l'homme, me donner un salaire, je me charge de t'indiquer un pays où il n'y a pas de tombeaux.

— Indique-moi un lieu où l'on ne meure pas, ajouta l'autre, et je te donnerai tout ce que je possède de bien.

Ils partirent ensemble et arrivèrent dans une contrée où, en effet, il n'y avait pas de tombeaux. Ils firent agenouiller leurs chameaux chez des habitants de l'endroit. Le lendemain, le guide dit à son compagnon :

— Maintenant donne-moi mon salaire, puisque je t'ai montré un pays où il n'y a pas de tombeaux.

L'autre lui donna tout ce qu'il possédait de bien, et le guide partit.

Notre homme resta. Un jour il alla dans le voisinage, laissant chez ses hôtes sa mère endormie.

Profitant de son absence, les hôtes égorgèrent la vieille, partagèrent sa chair, et mirent une part de côté pour son fils. Quand celui-ci revint, ils lui dirent :

— Ta mère était sur le point de mourir; nous l'avons égorgée, et nous avons partagé sa chair. Voici ta part, que nous avons mise de côté.

— Je cherchais, s'écria-t-il alors, un pays où l'homme ne mourût pas, et je suis venu là où on le mange! »

Et en disant cela, il s'enfuit au plus vite.

HISTOIRE D'AMMAMELLEN[1] ET D'ÉLIAS.

« Moi, l'auteur de ce chant, je n'ai pas même un haïk[2] : si je t'amuse, donne-moi un peu de ton superflu! »

Ammamellen avait une sœur belle comme une houri;

1. C'est-à-dire Amma le blanc.
2. Sorte de grand vêtement de laine qui enveloppe les indigènes des pieds à la tête.

ses grands yeux de feu troublaient l'âme, sa taille de gazelle ravissait, et, lorsque sa langue fine et rose errait sur
ses lèvres, à l'heure de midi, les plus valeureux guerriers
pleuraient d'amour, cachés sous leurs burnous de fine
laine blanche, dans le recoin le plus noir de leurs gourbis.

Ammamellen était jaloux : toutes les fois que sa sœur
mettait un enfant au monde, la nuit il entrait doucement
dans sa chambre, semblable au chacal qui cherche sa
proie, et, saisissant l'enfant sans bruit, il l'étouffait entre
ses larges mains.

Mais quand le jour venait à poindre, Aïxa, sa sœur,
pleurait et se lamentait, puis recommençait un autre
enfant toujours étouffé. Plus tard, les femmes de la tribu
l'appelèrent stérile et la montrèrent au doigt ; mais elle
ne se désola pas, et, sentant qu'elle allait mettre un
homme au monde, elle prit patience et dissimula.

Quand elle donna ce serviteur au Dieu tout-puissant, sa
négresse venait de lui donner un esclave ; elle les échangea,
le fils de chienne fut immolé. Le fils de la femme libre
resta chez l'esclave, il grandit et devint homme, on l'appela Élias.

« Moi, l'auteur de ce chant, je n'ai pas même un haïk :
si je t'amuse, donne-moi un peu de ton superflu ! »

Mais Ammamellen, qu'on appelait aussi le Serpent, était
d'un esprit clairvoyant et inventif ; il le sut, et depuis ce
jour il résolut de perdre *le sang de son nombril* [1]. Il
n'est rien qu'il ne tentât pour l'attirer dans un piège et le
tuer ; mais Élias, plus rusé que lui, savait toujours éventer
ses projets de meurtre. Je vais t'en donner la preuve :

« Moi, l'auteur de ce chant, je n'ai pas même un haïk ;
si je t'amuse, donne moi un peu de ton superflu ! »

La grande chaleur du jour était passée, le soleil com-
mençait à descendre sur l'horizon ; Élias se réveilla dans

---

1. L'enfant de sa famille, son neveu.

son gourbi, il avait très soif. Il demanda à toutes les
femmes de la tribu si elles voulaient lui donner à boire,
mais aucune d'elles n'avait de l'eau. Alors Élias alla
trouver Ammamellen et lui demanda à boire :

— Je sais, dit le méchant, où il y a une source limpide ;
quand mes chameaux ont soif, je les y mène boire, mais
tu ne la sauras pas. Puisses-tu ne jamais te désaltérer et
voir ton pain se changer en sel !

Mais Elias s'enveloppa avec fierté dans son burnous et
s'éloigna dédaigneusement.

Le soir, le jeune homme guetta Ammamellen ; il le vit
partir avec ses chameaux, ses nègres et ses troupeaux, et
monter bien haut, bien haut dans la montagne. Élias
garda sa soif.

- Le lendemain soir, voyant que le roc n'avait pas gardé
les traces de la caravane, il enduisit de graisse les san-
dales des nègres, et, après leur retour, il suivit leur piste
sur le roc aride.

Mais Ammamellen l'avait vu ; il saisit son yatagan et se
mit à sa poursuite.

Arrivé dans une grotte de la montagne, Élias s'était
penché et buvait avec avidité ; mais il fit soudain un bond
terrible de côté : il avait vu Ammamellen, dont l'image se
réflétait dans l'eau, se préparant à le frapper de son sabre
sur la nuque. Ammamellen frappa dans le vide. Élias
s'élança de l'autre côté du ruisselet et disparut dans la
nuit.

« Moi, l'auteur de ce chant, je n'ai pas même un haïk ;
si je t'amuse, donne-moi un peu de ton superflu ! »

Ammamellen revint dans son gourbi. Un jour il alla
dans une vallée, et, avec des pieds d'animaux morts, il y
fit des traces de chamelles, de chèvres, de brebis et d'ânes ;
il y mit aussi trois vieux chameaux, l'un borgne, l'autre
galeux, et le troisième ayant la queue coupée. Il rentra
chez lui, et le lendemain il dit à Élias :

— Va visiter cette vallée, là-bas, et tu nous diras ce qui s'y trouve.

Élias alla voir la vallée, il examina longuement les traces qui s'y trouvaient, en se méfiant des buissons. Mais il ne lui arriva rien de fâcheux en route et il rentra sans accident au gourbi de son oncle. Dès qu'Amma-mellen l'aperçut, il lui cria de loin :

— Eh bien ! as-tu visité cette vallée?

— Oui, dit Élias, je l'ai visitée.

— Et que te semble-t-il de ce pays?

— C'est un pays désert, rocailleux, un pays de rou-mis !

— Et que s'y trouve-t-il? le pays te plaît-il, oui ou non ?

— Il me plaît, parce que je pourrais y cacher la dou-leur que j'éprouve d'être rejeté par la chair de ma chair et les os de mes os. Seulement il y a des traces de pieds d'animaux et trois vieux chameaux, dont l'un est borgne, l'autre galeux et le troisième écourté.

— Comment distingues-tu la trace d'un animal vivant de celle d'un animal mort ?

— La trace d'un animal vivant revient sur elle-même[1], tandis que celle d'un animal mort ne revient pas.

— A quoi reconnais-tu qu'un vieux chameau est borgne ou qu'il a ses deux yeux?

— Le chameau borgne mange toujours les arbres du côté de son bon œil.

— Et le chameau galeux?

— On reconnaît un chameau galeux, parce qu'il se gratte à tous les arbres qu'il rencontre.

— Et qui te fait distinguer un chameau dont la queue est coupée de celui qui a encore sa queue?

— Lorsqu'un chameau qui n'a pas sa queue vient à

---

1. C'est-à-dire que le pied ramène du sable en arrière.

flenter, les crottes restent en tas, tandis que celui qui a sa
queue s'en sert pour les disperser.

Et voilà comment Ammamellen fut confondu encore
cette fois.

« Moi, l'auteur de ce chant, je n'ai pas même un haïk ;
si je t'amuse, donne-moi un peu de ton superflu ! »

Ammamellen devint malade de désespoir et de colère,
ne pouvant tuer Élias. Il se prépara, par un long jeûne et
par des ablutions répétées, à frapper un grand coup, puis
l alla un jour dans un certain endroit, ramassa beaucoup d'herbe et en fit plusieurs tas. En revenant, il dit à
Élias :

— Demain tu iras à tel endroit, tu me rapporteras
l'herbe que j'ai mise en tas.

Le lendemain il prit les devants, et se blottit dans un
tas d'herbes, attendant Élias pour le tuer.

Celui-ci vint et rassembla toute l'herbe, excepté un tas
dont il ne voulut point approcher. Ses compagnons lui
dirent :

— Tu as rassemblé tous les tas d'herbes, pourquoi laisses-
tu celui-là ?

— Celui-là respire [1], dit Élias, les autres ne respirent
pas.

En entendant cela, Ammamellen se leva précipitamment
et courut sur Élias pour le frapper, mais il ne put l'at-
teindre. Il s'écria alors : — Va, je m'incline devant toi,
fils de ma sœur, que ma sœur a enfanté et qu'elle a fait
enfanter à sa négresse.

Et prenant Élias dans ses bras, il l'embrassa tendrement
et en fit son fils.

« Moi, l'auteur de ce chant, je n'ai pas même un haïk ;
si je t'ai amusé, donne-moi un peu de ton superflu ! »

☙

1. C'est-à-dire que la respiration d'Ammamellen faisait sou-
lever le tas d'herbe.

Ces deux contes ne sont pas du tout mal pour des Khroumirs. Voilà cependant des gens que tout le monde, dans le premier moment, a traités de barbares! Pour moi, je leur fais amende honorable.

V

DIALOGUES.

Je vais maintenant, et pour en finir avec les citations du genre sérieux, donner un dialogue entre deux caravanes, l'une allant au Touât et l'autre en revenant.

CONVERSATION ENTRE DEUX CARAVANES KHROUMIRES.

— Le salut soit sur vous!
— Sur vous soit le salut!
— Comment vous portez-vous?
— Bien, gloire à Dieu!
— Qui êtes-vous?
— Nous sommes des Élassema. Et vous, qui êtes-vous?
— Nous sommes des Tebainia. D'où venez-vous?
— Nous venons du Touât.
— Quelles nouvelles au Touât?
— Lorsque nous en sommes partis, tout y allait bien. Nous ne savons pas ce qu'il a plu à Dieu de faire après notre départ.

CARAVANE AU REPOS PRÈS D'UNE OASIS.

— Que s'est-il vendu au Touât?

— Il s'est vendu du beurre salé, des troupeaux, des chameaux, des ânes, des peaux, des fromages.

— Combien se vendait un chameau?

— Un beau chameau, fort et vigoureux, se vendait jusqu'à 40 douros.

— Il y a sans doute beaucoup de monde au Touât?

— Oui, vraiment, tout est plein.

— Quels sont les gens qui sont au Touât?

— Il y a les Châmba, les Tamachek, les gens de R'edamès, de R'al, de Ouargla; les caravanes de Tombouctou sont aussi arrivées.

— Qu'ont apporté les Châmba?

— Ils ont apporté des haïks, de l'acier, du blé, de l'orge, des verroteries, de la laine de brebis.

— Les caravanes de Tombouctou ont-elles amené des nègres?

— Oui, elles ont amené beaucoup de nègres, de négresses et de négrillons.

— Qu'ont apporté les Tamachek cette année?

— Ils ont apporté du millet, des épées, des lances de fer, des voiles noirs, des fromages, des chemises bleues du Soudan, des boucliers, des selles de chameau, des moutons sans laine, des chamelles et des chameaux.

— Ont-ils tout vendu?

— Nous ne savons pas.

— Et vous, qu'avez-vous vendu, qu'avez-vous acheté?

— Nous avons vendu quelques fromages et quelques ânes? Nous avons acheté des dattes, du blé et quelques haïks pour notre hiver.

— Les dattes sont-elles chères, cette année?

— Oui: cette année, elles n'ont pas donné beaucoup.

— Avez-vous mangé à votre faim au Touât?

— Oui, certainement; que Dieu y répande l'abondance. Maintenant, il se fait tard. Nous voulons camper avant le

coucher du soleil; nos chameaux sont fatigués, ils sont
très chargés. Si vous arrivez sains et saufs au Touât, sa-
luez de notre part nos gens qui y sont encore. Adieu!

— Bon voyage!

— Hé! si vous n'avez pas assez de vivres pour arriver
jusqu'au Touât, nous vous en donnerons.

— Non, merci. Nous en avons assez et même de reste.

— Ne faites pas de façons.

— Nous n'en faisons pas.

VI

Les Khroumirs excellent dans le genre tendre
et langoureux.

Entendez les soupirs d'un jeune homme amou-
reux de la belle Mesâouda et qui implore de son
père la permission de l'épouser.

MESAOUDA.

Je t'en conjure, ô mon père,
Donne-moi ton consentement.
Un mal intérieur et doux me consume,
Mesâouda en est la cause.
Je souffre pour la belle aux cils noirs,
Pour la brune aux regards de feu.

Ses pieds mignons sont des merveilles.
Quand elle passe, élancée et légère,
On dirait une gazelle,
La terre porte à peine

L'empreinte de ses pas.
Sa taille svelte plie comme le roseau

MESAOUDA PARÉE DE SES BIJOUX.

Caressée par les baisers de la brise.
Mesâouda brille comme le soleil levant.

Je ne sais rien de plus charmant.

En somme, les différents exemples de littérature khroumire que nous venons de mettre sous les yeux de nos lecteurs révèlent chez ces montagnards un goût, un sentiment littéraires auxquels on est loin de s'attendre : il n'y a presque pas de village sans poète, de gourbi sans conteur, de tribu sans marabout savant ; les femmes mêmes se mettent souvent de la partie et fournissent un large contingent à cette littérature toute primitive. Il n'est pas rare de voir une mère, pour inviter son bébé au sommeil, le bercer de tendres récits, qu'elle chante sur une sorte de mélopée traînante.

Les couplets dont elles accompagnent leurs danses, les chansons qu'on leur entend répéter pendant des heures entières, lorsqu'elles se livrent aux travaux du ménage, en tournant le moulin à bras ou en travaillant la laine, sont de leur cru, j'entends de leur composition.

Si les hommes ont leurs chansons particulières, les femmes ont aussi les leurs : quand elles chantent seules à la fontaine, ce sont d'ordinaire de curieuses complaintes contre les maris. Pour preuve :

LA CHANSON DES FEMMES KHROUMIRES.

O ma tendre mère !
Hélas ! j'ai épousé un fumeur [1] !
Lorsqu'il rentre au logis,
Il ne rapporte que pipe et tabac ;
S'il est surpris par la pluie,
Il exhale une odeur de raton [2].

O ma tendre mère !
Hélas ! j'ai épousé un hibou !
Sa figure est celle d'un coq
Qui monte à son perchoir.
O Seigneur Dieu !
Fais-moi bien vite porter son deuil !

O ma tendre mère !
Hélas ! j'ai épousé Rabah !
Le jour il abaisse son capuchon,
La nuit il éteint sa lampe [3].
Je lui sacrifie encore cette année.
L'an prochain je m'enfuirai.

O ma tendre mère !
On a disposé de moi à mon insu.
Ils ont lu le fatah,
Et moi je regardais.
C'est un bécasseau que j'ai épousé,
Demain je m'enfuirai.

1. Les fumeurs sont très rares en Khroumirie.
2. Les Khroumirs ne lavent, pour ainsi dire, jamais leurs vêtements. Aussi, quand ils sont mouillés par la pluie, exhalent-
ils une odeur de bête fauve.
3. Pour ne jamais la voir.

O ma tendre mère !
Hélas ! tu m'as jetée dans un gouffre !
Sa parole est sans douceur,
Sa figure est informe.
Quand je suis entrée dans sa maison,
Je n'ai trouvé qu'un âne pour tout bien.

Quoique peu flatteuses pour eux, les maris acceptent assez facilement, sans trop crier ni se fâcher, les chansons de ce genre qui leur sont consacrées par leurs femmes. Rien que ce seul trait, tout en leur faveur, prouve que les Khroumirs n'ont pas le caractère pointilleux et qu'il est possible de les apprivoiser.

Ce sont déjà de bons démocrates, à nous maintenant d'en faire de bons Français.

FIN.

TABLE DES MATIÈRES

TROISIÈME PARTIE.

QUATRIÈME PARTIE.

PARIS. — IMP. DE LA SOC. ANON. DE PUBL. PÉRIOD. — P. MOUILLOT. — 36796.

www.ingramcontent.com/pod-product-compliance
Lightning Source LLC
Chambersburg PA
CBHW072232270326
41930CB00010B/2091